JQuery

Découverte du framework JavaScript

ISBN : 978-2-7460-6516-1
ISSN : 1767-1590
Imprimé en France

Editions ENI

ZAC du Moulin Neuf
Rue Benjamin Franklin
44800 St HERBLAIN
Tél. 02.51.80.15.15
Fax 02.51.80.15.16

e-mail : editions@ediENI.com
http://www.editions-eni.com

Auteur : Luc VAN LANCKER
Collection **TechNote** dirigée par Joëlle MUSSET

Avant-propos

Cet ouvrage est extrait du livre "jQuery Le framework JavaScript du Web 2.0" dans la collection Expert IT aux Editions ENI.

Il s'adresse à un **public de lecteurs initiés** désireux de développer des applications Web plus interactives, plus riches et plus innovantes grâce au framework JavaScript le plus utilisé par les concepteurs professionnels.

Pour tirer le meilleur profit possible de ces éléments, vous devez disposer des **pré-requis** suivants :

- maîtrise du langage Html et des feuilles de style CSS.
- bonnes notions en JavaScript.

Les différents chapitres couvrent le maximum de connaissances possible sur le sujet.

Table des matières

Chapitre 1
Démarrer avec jQuery

A Le retour du JavaScript

Les applications Web actuelles se situent dans un environnement dynamique. Jamais encore les sites n'ont été aussi riches en présentations visuelles et autres fonctions soutenant la gestion des informations.

Dès les premières heures du Web, le JavaScript a été un partenaire privilégié dans la conception des pages Html par l'interactivité qu'il permettait d'ajouter à celles-ci. Mais sa présence et son influence restèrent longtemps limitées, principalement à cause des difficultés de réalisation de scripts vraiment compatibles avec les différents navigateurs de l'époque.

L'apparition du DOM (*Document Object Model*), permettant d'accéder ou de mettre à jour le contenu, la structure et le style des documents Html, fut le premier moteur du renouveau du JavaScript. D'autant plus que le DOM, recommandation du W3C, fut largement adopté par tous les navigateurs. Ce qui atténua les problèmes d'interopérabilité des scripts.

Vinrent ensuite AJAX (*Asynchronous JavaScript and XML*) et les requêtes XMLHttpRequest associées qui donnèrent naissance au JavaScript asynchrone offrant la possibilité de modifier une partie des pages Web sans devoir recharger l'entièreté de celles-ci. La porte était ouverte à des applications JavaScript beaucoup plus riches répondant au mieux au souci d'inter-activité des applications Web. Ici aussi la compatibilité était gagnante.

Le concept du Web 2.0, dans ses objectifs d'une meilleure usabilité et d'une plus grande ergonomie, a quant à lui encore renforcé l'interactivité des pages et la demande d'applications plus étendues. Et voilà le JavaScript propulsé comme un élément incontournable dans le développement des applications Web.

La meilleure preuve de ce repositionnement du JavaScript est assurément l'apparition de nouveaux moteurs JavaScript dans les navigateurs récents.

Que ce soit Google Chrome avec son moteur JavaScript Open Source V8, Opera avec le projet Carakan, Safari dans sa version 4 ou Firefox 3.5 avec TraceMonkey, tous cherchent à améliorer (et parfois de façon sensible) le traitement du JavaScript. Seul Internet Explorer 8 est un peu à la traîne mais le renouvellement de son moteur JavaScript fait partie des priorités d'Internet Explorer 9.

B Présentation de JQuery

jQuery est un framework JavaScript libre et Open Source, implanté côté client, qui porte sur l'interaction entre le DOM, JavaScript, AJAX et le Html. Cette librairie JavaScript a pour but de simplifier les commandes communes du JavaScript. La devise de jQuery est en effet, "Écrire moins pour faire plus" (*write less do more*).

jQuery, du moins à l'origine, est l'œuvre d'un seul homme : John Resig. Ce jeune surdoué de JavaScript développa la première version de jQuery en janvier 2006. Il avait alors à peine vingt ans ! S'il reste l'élément moteur de jQuery, il peut maintenant se faire aider par une communauté de passionnés.

Les spécificités de jQuery sont nombreuses mais l'essentielle est assurément la souplesse qu'il apporte pour accéder à tous les éléments du document Html grâce à la multitude de sélecteurs mis en place (voir chapitre Les sélecteurs en jQuery). Cette caractéristique fut d'ailleurs retenue pour donner un nom à ce framework : j pour JavaScript et Query pour chercher ou accéder aux éléments.

Notons également que cette librairie jQuery est en constante évolution. Les mises à jour et nouvelles versions se succèdent à un rythme régulier :

Août 2006 : version stable de jQuery 1.0.

Janvier 2007 : jQuery 1.1.

Septembre 2007 : jQuery 1.2.

Janvier 2009 : jQuery 1.3.

C'est sur la version 1.3. que porte cet ouvrage.

La qualité de jQuery a été reconnue par les grands comptes du Web et de l'informatique. Citons Google, Mozilla, Dell, IBM, WordPress, Nokia et bien d'autres. Microsoft l'a incorporé dernièrement à son logiciel Visual Studio. Sa croissance est rapide et il se pose en concurrent sérieux à d'autres framework comme Prototype, Dojo Toolkit et Sciptaculous pour ne citer que ceux-là.

C

Les points forts de jQuery

Le framework jQuery est de plus en plus reconnu et adopté par les développeurs car les apports de cet environnement sont nombreux.

L'approche de jQuery ne consiste pas seulement en un codage des scripts plus intuitifs et concis mais sa philosophie première est concentrée sur l'ensemble des éléments pris en compte par le DOM. Le JavaScript traditionnel, dans son évolution historique, a dû s'accommoder du Document Object Model. John Resig avec jQuery, a en quelque sorte reconsidéré le JavaScript en le percevant comme un véritable langage de programmation axé en priorité sur le DOM. Ce qui modifie totalement la façon d'appréhender et d'écrire le JavaScript.

Tous les éléments du DOM sont aisément accessibles avec jQuery. Les méthodes `getElementById`, `getElementsByName` et `getElements-ByTagName` du JavaScript montrent très rapidement leurs limites, spécialement lorsque le concepteur souhaite accéder aux attributs et autres propriétés de style. Avec jQuery, tous les éléments du document peuvent être accédés facilement et surtout intuitivement. Le chapitre suivant, consacré aux sélecteurs, illustrera la diversité apportée par jQuery en la matière.

L'approche de jQuery est complète. Les méthodes et fonctions de jQuery ne se limitent pas à quelques animations d'ordre esthétique. Par quelques lignes de code, jQuery peut modifier du texte, insérer des images, trier des tableaux ou réorganiser l'entièreté de la structure du document Html. Ce framework pose un regard nouveau sur le JavaScript et, après un bref apprentissage, simplifie grandement la conception et l'écriture des scripts. Nous ne manquerons pas d'attirer votre attention, dans la suite de cet ouvrage, sur la concision du code ainsi produit.

Le code jQuery est compatible avec les différents navigateurs. La déviance des navigateurs, infime ou plus marquée, par rapport aux standards du DOM et des feuilles de style, est une regrettable réalité du développement d'applications Web évoluées. Grâce à l'interface logicielle ajoutée par jQuery, le code des applications se révèle compatible avec les principaux navigateurs du marché. Il faut déjà fouiller les tréfonds des forums spécialisés pour trouver quelques accrochages portant sur des détails sommes toutes peu utilisés.

Cette compatibilité ressort en particulier sur les éléments de feuilles de style CSS3 qui ne sont encore reprises que de façon très fragmentaire par les navigateurs. Citons comme exemple l'opacité des éléments. Les méthodes jQuery `fadeIn()`, `fadeOut()` et `fadeTo()` permettent de faire varier cette opacité de manière compatible avec tous les navigateurs.

Une communauté dynamique de développeurs soutient jQuery. Cette communauté, initiée selon les principes historiques de passion et de partage d'Internet, fournit une multitude de plug-ins, soit des extensions de jQuery, dédiées à des tâches très spécifiques. Ces plug-ins, souvent des merveilles de programmation, sont disponibles librement sur la toile et sont très prisés par les concepteurs de site.

Un carrousel d'images ou un tableau triable implémenté en quelques minutes et en quelques lignes de code, simplifie grandement leur travail.

D
Mise en place de jQuery

jQuery étant une librairie côté client, sa mise en place est extrêmement simple.

Dans un premier temps, il faut télécharger jQuery. L'adresse la plus indiquée pour le réaliser est celle du site de jQuery lui-même soit http://jquery.com/. Sous la rubrique **Download**, il vous est proposé une version compressée dite de production (production) de 19 KB et une version de développement (development) de 120 KB. Cette dernière est bien adaptée à notre étude car elle permet au plus curieux de jeter un œil sur le code utilisé par jQuery. La version de production est utilisée une fois le travail de développement terminé et vos pages mises en ligne.

> *Au moment de l'écriture de cet ouvrage, le fichier téléchargé porte le nom de jquery-1.3.2.js. Pour la suite de notre étude, nous l'avons renommé en jquery.js. Une fois ce fichier téléchargé, il devra être présent dans le même dossier que celui de la page Html (ou Xhtml) qui comportera un script jQuery.*

> *Les pages faisant appel à du JavaScript traité par jQuery doivent comporter dans l'en-tête du document, soit entre les balises <head> ... </head>, un appel vers ce fichier JavaScript externe :*

```
<script type="text/javascript" src="jquery.js">
</script>
```

<u>Commentaires</u>

La librairie jQuery est ainsi chargée à chaque fois qu'elle est nécessaire au bon déroulement de la page. Il faut à ce propos souligner le caractère compact de la librairie jQuery.

Avec ses 19 KB dans sa version de production, elle n'a quasi aucune conséquence sur le temps de téléchargement de la page. En effet, 19 KB correspond au téléchargement d'une petite icône présente dans le document.

Il a été dit ci-avant, que le fichier jquery.js devait être présent dans le même dossier que la page Html. Cette façon de procéder est idéalement adaptée à l'apprentissage de jQuery. Dans la pratique, jquery.js sera souvent inclus dans un sous-répertoire par exemple js.
On y accède alors par `<script type="text/javascript" src="js/jquery.js"> </script>`.

Il est possible d'utiliser directement les versions de jQuery hébergées par Google sur AJAX Libraries API. Le lien vers le fichier jQuery devient alors :

```
<script type="text/javascript"
src="http://ajax.googleapis.com/ajax/libs/jquery/1.3.2/jquery.min.js">
</script>
```

ou

```
<script type="text/javascript"
src=" http://ajax.googleapis.com/ajax/libs/jquery/latest/jquery.min.js">
</script>
```

Les tenants de cette méthode avancent une charge réduite du serveur de votre site et une connexion à jQuery aussi (sinon plus) rapide qu'à partir d'un serveur quelconque. De plus, cela permet aux navigateurs de ne pas télécharger inutilement plusieurs fois la même librairie sur chaque site qui l'utilise, puisqu'une fois jQuery téléchargé à partir des serveurs de Google et mis en cache, le navigateur n'aura plus à le télécharger à nouveau.

E Initier un script jQuery

Le framework mis en place et prêt à être utilisé, il faut au préalable parcourir quelques notions théoriques.

Toutes les instructions ou pour être plus précis les scripts jQuery s'articulent autour d'un modèle unique. Soit,

```
jQuery(function(){
//contenu exécuté lorsque le document sera chargé
});
```

Pour économiser des frappes de clavier, le signe dollar ($) qui fonctionne comme alias de jQuery est presque toujours utilisé.

```
$(function(){
//contenu exécuté lorsque le document sera chargé
});
```

Se référant à ce modèle, tout script jQuery commence par :

```
<script type="text/javascript">
$(document).ready(function() {
// code jQuery
});
</script>
```

Soit, selon une restitution assez libre, créer un objet jQuery (`$`) à partir du document (`document`) quand celui-ci est prêt (`ready`).

La particularité de cette fonction est de charger les éléments du DOM dès que ceux-ci sont disponibles, soit bien avant le chargement complet de la page.

Ce en quoi jQuery se différencie du JavaScript classique. Celui-ci utilise, par exemple, le classique `window.onload = function()` qui attend que la page et tous les éléments qu'elle contient soient complètement chargés. Ce qui peut être très long spécialement lorsqu'il y a des images d'une taille conséquente. C'est une particularité essentielle de jQuery qui se base, rappelons-le, de façon native sur les éléments du DOM.

Ce mode de fonctionnement présente de nombreux avantages :

Tous les éléments de la page sont inclus dans un objet que les sélecteurs, méthodes et fonctions de jQuery pourront manipuler.

Le code Html est dépouillé de toutes mentions JavaScript comme par exemple les notations `<a href="javascript:void(0);">lien</a>`.

Tout le code JavaScript/jQuery se situe dans une partie séparée de la page Html (entre les balises <head> ... </head>) ou dans un fichier js externe. Ce qui respecte pleinement le principe de la séparation du contenu et de la présentation.

Avec `$(document).ready()`, les éléments de la page sont à la disposition du développeur, avant le chargement complet et l'affichage de celle-ci. Ce qui est bien pratique pour activer des effets d'apparition ou de disparition dès l'affichage de la page par le navigateur.

Vous rencontrerez sur la toile des scripts jQuery qui débutent avec l'écriture raccourcie :

```
$(function () {
// code jQuery
});
```

Nous garderons tout au long de cet ouvrage, l'instruction `$(document).ready()` plus académique et plus parlante.

> *Le signe $ est également utilisé par d'autres framework comme par exemple Prototype. La `méthode jquery.noconflict` permet d'éviter les conflits à l'appel de l'alias $ avec une autre librairie qui utiliserait également ce nommage pour une de ses fonctions.*

F Une première application jQuery

Réalisons comme entrée en matière, un menu de navigation vertical déroulant.

Le but ici n'est pas de comprendre les méthodes jQuery qui seront étudiées plus avant mais d'avoir un aperçu de l'implantation et l'organisation générale des scripts jQuery. Cette première application a aussi comme objectif de familiariser le lecteur avec l'approche suivie par l'auteur dans notre exploration de jQuery.

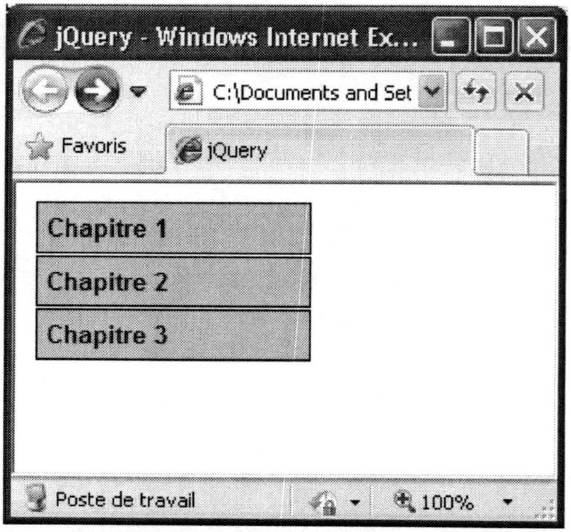

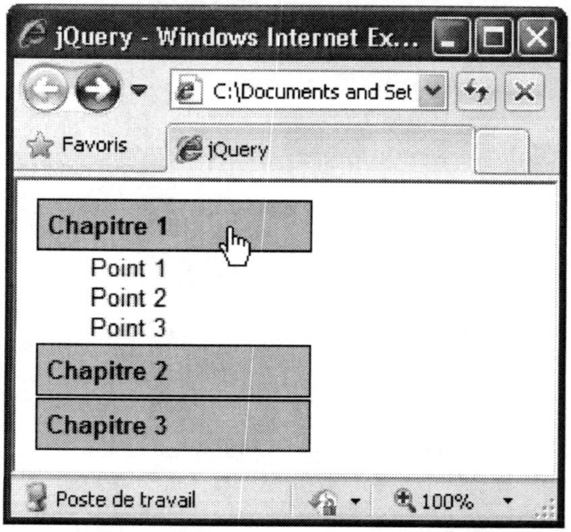

Le fichier Html de départ se présente ainsi :

```
<!DOCTYPE html PUBLIC "-//W3C//DTD XHTML 1.0 Transitional//EN"
"http://www.w3.org/TR/xhtml1/DTD/xhtml1-transitional.dtd">
<html xmlns="http://www.w3.org/1999/xhtml" xml:lang="fr"
lang="fr">
<head>
<meta http-equiv="Content-Type" content="text/html; charset=iso-
8859-1" />
<title>jQuery</title>
```

```
<style type="text/css">
body { margin: 10px;
     font: 0.8em Arial, Helvetica, sans-serif;}
.menu { width: 150px;}
.menu_chapitre { padding: 5px;
                 cursor: pointer;
                 position: relative;
                 margin:1px;
                 font-weight:bold;
                 background: #9cf;
                 border: 1px solid black;}
.menu_point a { display:block;
                color:black;
                background-color:white;
                padding-left:30px;
                text-decoration:none;}
.menu_point a:hover { color: black;
                      text-decoration:underline;}
</style>
</head>
<body>
<div>
<div class="menu">
<p class="menu_chapitre">Chapitre 1</p>
<div class="menu_point">
<a href="#">Point 1</a>
<a href="#">Point 2</a>
<a href="#">Point 3</a>
</div>
<p class="menu_chapitre">Chapitre 2</p>
<div class="menu_point">
<a href="#">Point 1</a>
<a href="#">Point 2</a>
<a href="#">Point 3</a>
</div>
<p class="menu_chapitre">Chapitre 3</p>
<div class="menu_point">
<a href="#">Point 1</a>
<a href="#">Point 2</a>
<a href="#">Point 3</a>
</div>
</div>
</div>
</body>
</html>
```

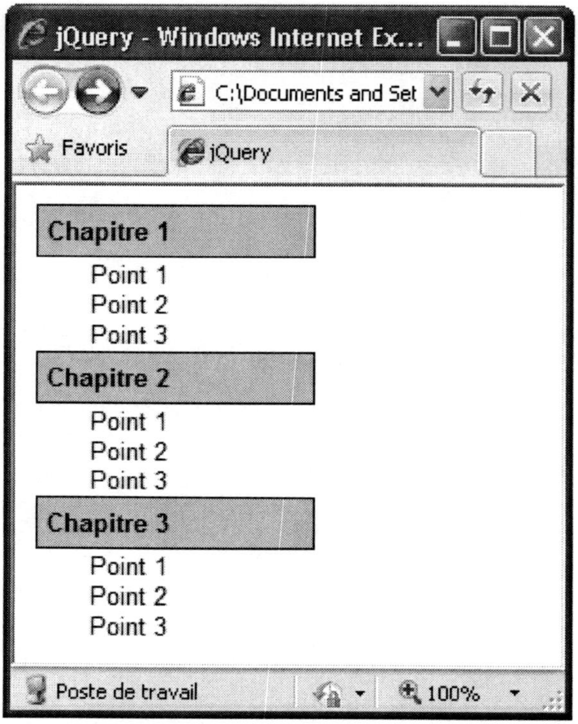

Élaborons le script jQuery pas à pas.

Nous supposons que la librairie jquery.js a été téléchargée et incorporée dans le dossier contenant le fichier Html précédent.

Appelons le jQuery en plaçant entre les balises <head> et </head>, la balise d'en-tête suivante.

```
<script type="text/javascript" src="jquery.js"></script>
```

Le script en lui-même peut débuter.

```
<script type="text/javascript">
$(document).ready(function(){
...
});
</script>
```

Avec cette première instruction jQuery, l'arbre du DOM relatif au document est chargé dans un objet jQuery.

Une première opération à effectuer consiste à ne pas afficher les sous-menus, soit les divisions dont la classe est `menu_point`.

```
<script type="text/javascript">
$(document).ready(function(){
$("div.menu_point").hide();
...
});
</script>
```

Ainsi, jQuery ($) sélectionne ces divisions <div> dont la classe est `menu_point` (`("div.menu_point")`) et les fait disparaître (`hide()`).

Passons maintenant à la partie qui prend en charge le déroulement du sous-menu lorsqu'un des chapitres a été cliqué.

```
<script type="text/javascript">
$(document).ready(function(){
$("div.menu_point").hide();
$("p.menu_chapitre").click(function(){
$(this).next("div.menu_point").slideDown(300)
.siblings("div.menu_point").slideUp("slow");
});
});
```

Détaillons cette partie :

```
$("p.menu_chapitre").click(function(){
```

Le clic d'un des paragraphes dont la classe est `menu_chapitre` (soit de façon codée `$("p.menu_chapitre")`) engendre une fonction qui sera détaillée par les lignes suivantes (`click(function()`).

```
$(this).next("div.menu_point").slideDown(300)
```

À partir de cet élément (`this`), le script demande de rechercher l'élément <div> qui le suit et qui a la classe `menu_point` (soit `next ("div.menu_point")`). On demande alors de faire apparaître cette division selon un effet de glissement vers les bas (`slideDown(300)`).

```
.siblings("div.menu_point").slideUp("slow");
```

Il faut encore refermer les divisions ouvertes des autres chapitres. Il est demandé à jQuery de sélectionner les frères immédiats (`siblings`) de chaque division <div> qui dispose d'une classe `menu_point` (`siblings ("div.menu_point")`) et de refermer ces divisions par un effet de glissement vers le haut (`slideUp("slow")`).

Il faut noter que de multiples actions ont été ainsi encodées dans une même instruction. Ces différentes opérations sont simplement reliées par un point.

```
});
```

Fin de cette fonction relative au clic d'un paragraphe.

```
});
```

Fin du ready et fin de script.

Vous remarquerez déjà la concision du code jQuery. Quelques lignes suffissent pour développer ce script.

Au final, le fichier Html se présente ainsi :

```
<!DOCTYPE html PUBLIC "-//W3C//DTD XHTML 1.0 Transitional//EN"
"http://www.w3.org/TR/xhtml1/DTD/xhtml1-transitional.dtd">
<html xmlns="http://www.w3.org/1999/xhtml" xml:lang="fr"
lang="fr">
<head>
<meta http-equiv="Content-Type" content="text/html; charset=iso-
8859-1" />
<title>jQuery</title>
<script type="text/javascript" src="jquery.js"></script>
<script type="text/javascript">
$(document).ready(function(){
$("div.menu_point").hide();
$("p.menu_chapitre").click(function(){
$(this).next("div.menu_point").slideDown(300)
.siblings("div.menu_point").slideUp("slow");
});
});
</script>
<style type="text/css">
body { margin: 10px;
       font: 0.8em Arial, Helvetica, sans-serif;}
.menu { width: 150px;}
.menu_chapitre { padding: 5px;
                 cursor: pointer;
```

```
                position: relative;
                margin:1px;
                font-weight:bold;
                background: #9cf;
                border: 1px solid black;}
.menu_point a { display:block;
               color:black;
               background-color:white;
               padding-left:30px;
               text-decoration:none;}
.menu_point a:hover { color: black;
                     text-decoration:underline;}
</style>
</head>
<body>
<div>
<div class="menu">
<p class="menu_chapitre">Chapitre 1</p>
<div class="menu_point">
<a href="#">Point 1</a>
<a href="#">Point 2</a>
<a href="#">Point 3</a>
</div>
<p class="menu_chapitre">Chapitre 2</p>
<div class="menu_point">
<a href="#">Point 1</a>
<a href="#">Point 2</a>
<a href="#">Point 3</a>
</div>
<p class="menu_chapitre">Chapitre 3</p>
<div class="menu_point">
<a href="#">Point 1</a>
<a href="#">Point 2</a>
<a href="#">Point 3</a>
</div>
</div>
</div>
</body>
</html>
```

G
La documentation relative à jQuery

La documentation relative à jQuery est abondante sur la toile mais est majoritairement en anglais.

Une documentation en ligne très complète de jQuery, est disponible sur le site officiel : http://docs.jquery.com/

Il est également possible de consulter cette documentation hors ligne :

- Sous forme d'un fichier Adobe Air à télécharger sur http://api.jquery.com/
- Sous forme d'un fichier chm à télécharger à l'adresse : http://charupload.wordpress.com/2007/12/07/jquery-documentation-chm/
- Sous forme d'une API : http://jquery.bassistance.de/api-browser/

Un aide-mémoire précieux au format Adobe pdf ou Microsoft xls ou image png est disponible à l'url :
http://www.javascripttoolbox.com/jquery/cheatsheet/

Citons aussi, Visual jQuery consultable en ligne (http://visualjquery.com/) ou téléchargeable au format zip à l'adresse :
http://support.aptana.com/ asap/browse/STU-3495

Pour une documentation complète en français, il faut se reporter :

- Au site Developpeur Web 2 qui propose une traduction assez fidèle de la documentation officielle (jquery.developpeur-web2.com/documentation php).
- Au site très sympathique et d'excellente facture d'un passionné à l'adresse : jquery.jarodxxx.com/

Lorsque vous consultez les documentations et tutoriels relatifs à jQuery, assurez-vous qu'ils correspondent bien à la version 1.3. Il y a en effet des différences sensibles entre la version 1.2 et 1.3. Pour exemple, les sélecteurs d'attributs comportant le signe @ ne sont plus reconnus par la version 1.3. Les notations du style a[@href] ou $("input[@type=radio][@checked]") n'ont plus cours et indiquent que la documentation consultée est obsolète.

H Outils de développement et de débogage

Rappelons que jQuery est un framework côté client. Ainsi, il ne nécessite qu'un strict minimum d'outils ; un navigateur et un éditeur de texte. Il faut cependant noter que pour les scripts AJAX, l'installation d'un serveur Web local est à prévoir mais nous y reviendrons lors de l'étude de ce chapitre.

Pour ce qui est du débogage, il n'existe pas de solution miracle pour debugger le code JavaScript. Pourtant, les navigateurs proposent depuis quelque temps, des solutions innovantes permettant d'inspecter et de débugger l'environnement des pages Web, soit le Html, les CSS, les scripts et le DOM.

Le plus reconnu par les développeurs est Firebug. Cette extension de Firefox permet, en un coup d'œil, de contrôler votre Html, CSS, JavaScript, DOM et AJAX.

Pour en tirer le meilleur profit, ne manquez pas de consulter l'excellent tutorial (en français) à l'adresse :
http://eric-pommereau.developpez.com/tutoriels/outil-web/firebug/

Il existe également une solution multiplate-forme pour les autres navigateurs soit Firebug Lite, qui est le pendant "script" de l'extension pour Firefox. Cette interopérabilité se paie (pour l'instant) par des performances inférieures à la solution réservée à Firefox.

Pour sa part, Internet Explorer 8 propose de façon native, des outils de développement qui ne sont pas sans ressembler à ceux de Firebug. On y accède par le menu **Outils - Outils de développement** (touche de raccourci [F12]).

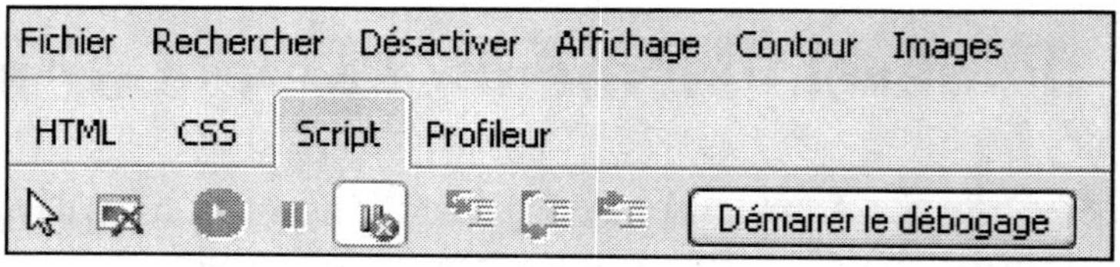

Citons encore Dragonfly debugger pour Opera et WebInspector pour Safari.

Chapitre 2
Les sélecteurs en jQuery

A Introduction

Les sélecteurs sont l'un des aspects le plus important de la librairie jQuery. Ceux-ci utilisent une syntaxe qui n'est pas sans rappeler celle des feuilles de style CSS. Ils permettent aux concepteurs d'identifier rapidement et aisément n'importe quel élément de la page et d'y appliquer les méthodes spécifiques à jQuery.

La bonne compréhension de ces sélecteurs jQuery est un élément clé pour la bonne compréhension et utilisation de jQuery.

Un site Web illustre à merveille le rôle de ces sélecteurs. Il est sûrement utile de le consulter à l'adresse www.codylindley.com/jqueryselectors/

B Les sélecteurs de base

Ces sélecteurs basiques de jQuery ne sont en fait qu'une reformulation des méthodes `getElementById` et `getElementsByTagName` du JavaScript traditionnel.

La notation reprise par jQuery présente les avantages d'être plus concise et beaucoup plus intuitive.

Ces sélecteurs basiques sont très fréquemment utilisés dans les scripts jQuery et leur bonne compréhension se révèle indispensable à l'apprentissage de jQuery et à la suite de cet ouvrage.

1 Sélection par l'identifiant

#identifiant

Sélectionne l'élément (unique) spécifié par l'attribut `id="identifiant"`.

`$("#box")` : sélectionne l'élément dont l'id est box.

C'est la notation jQuery de `getElementById` du JavaScript classique.

Rappelons que cet identifiant doit être unique dans la page. Si par erreur, ce n'était pas le cas, jQuery reprend le premier élément doté de cet identifiant.

<u>*Exemple*</u>

Entourons d'une bordure, le second paragraphe dont l'identifiant est "deux".

Soit le fichier Xhtml suivant :

```
<!DOCTYPE html PUBLIC "-//W3C//DTD XHTML 1.0 Transitional//EN"
"http://www.w3.org/TR/xhtml1/DTD/xhtml1-transitional.dtd">
<html xmlns="http://www.w3.org/1999/xhtml" xml:lang="fr"
lang="fr">
<head>
<meta http-equiv="Content-Type" content="text/html; charset=iso-
8859-1" />
<title>jQuery</title>
<script type="text/javascript" src="jquery.js" ></script>
<script type="text/javascript">
$(document).ready(function(){
$("#deux").css("border","1px solid black");
});
</script>
<style type="text/css">
p { width: 200px;
    padding: 3px;}
</style>
</head>
<body>
<p>Paragraphe 1</p>
<p id="deux">Paragraphe 2</p>
<p>Paragraphe 3</p>
</body>
</html>
```

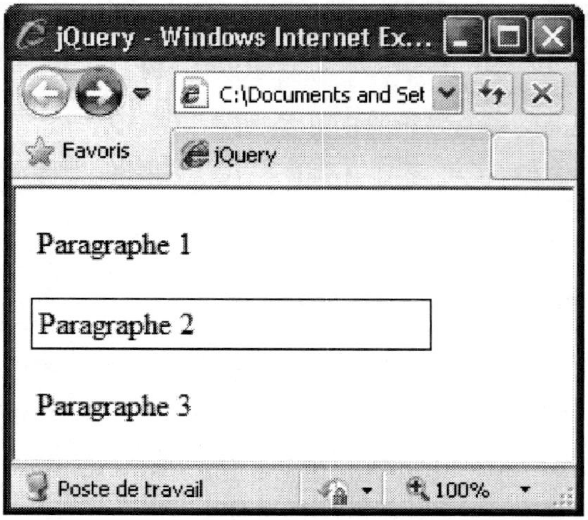

Détaillons le script jQuery.

```
$(document).ready(function(){
```

Initialisation de jQuery. Le script est prêt à opérer dès le chargement du DOM.

```
$("#deux").css("border","1px solid black");
```

Il est appliqué à l'élément dont l'id est "deux" ($("#deux")), la méthode jQuery qui permet de modifier les propriétés CSS, soit ici d'ajouter une bordure (`css("border","1px solid black")`). Cette méthode jQuery `css()` sera étudiée en détail au chapitre Manipulation des feuilles de style CSS.

```
});
```

Fin du script.

2 Sélection par le nom de la balise

élément

Sélectionne tous les éléments (ou balises) dont le nom est spécifié.

`$("div")` : sélectionne toutes les divisions `<div>` de la page.

C'est la notation jQuery de `getElementsByTagName` du JavaScript classique.

Exemple

Entourons d'une bordure tous les paragraphes du document Xhtml.

```
<!DOCTYPE html PUBLIC "-//W3C//DTD XHTML 1.0 Transitional//EN"
"http://www.w3.org/TR/xhtml1/DTD/xhtml1-transitional.dtd">
<html xmlns="http://www.w3.org/1999/xhtml" xml:lang="fr"
lang="fr">
<head>
<meta http-equiv="Content-Type" content="text/html; charset=iso-
8859-1" />
<title>jQuery</title>
<script type="text/javascript" src="jquery.js" ></script>
<script type="text/javascript">
$(document).ready(function(){
$("p").css("border","1px solid black");
});
</script>
<style type="text/css">
p { width: 200px;
    padding: 3px;}
div { padding: 3px;}
</style>
</head>
<body>
<p>Paragraphe 1</p>
<p>Paragraphe 2</p>
<div>Division 1</div>
</body>
</html>
```

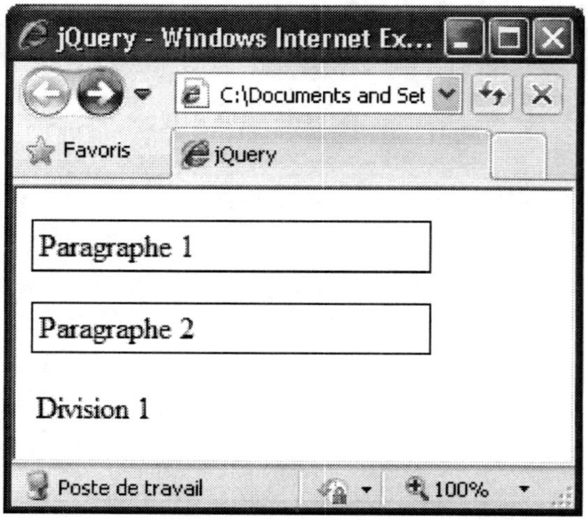


```
$("p").css("border","1px solid black");
```

jQuery sélectionne toutes les balises de paragraphe `<p>` (`$("p")`) et applique à celles-ci, une bordure par la méthode `css()`.

3 Sélection par la classe

.classe

Sélectionne tous les éléments (ou balises) avec la classe spécifiée.

`$(".texte")` : sélectionne tous les éléments dotés de l'attribut `class="texte"`.

Exemple

Entourons d'une bordure le paragraphe doté de la classe `gras`.

```
<!DOCTYPE html PUBLIC "-//W3C//DTD XHTML 1.0 Transitional//EN"
"http://www.w3.org/TR/xhtml1/DTD/xhtml1-transitional.dtd">
<html xmlns="http://www.w3.org/1999/xhtml" xml:lang="fr"
lang="fr">
<head>
<meta http-equiv="Content-Type" content="text/html; charset=iso-
8859-1" />
```

```
<title>jQuery</title>
<script type="text/javascript" src="jquery.js" ></script>
<script type="text/javascript">
$(document).ready(function(){
$(".gras").css("border","1px solid black");
});
</script>
<style type="text/css">
p { width: 200px;
    padding: 3px;}
.gras { font-weight: bold;}
</style>
</head>
<body>
<p class="gras">Paragraphe 1</p>
<p>Paragraphe 2</p>
<p>Paragraphe 3</p>
</body>
</html>
```

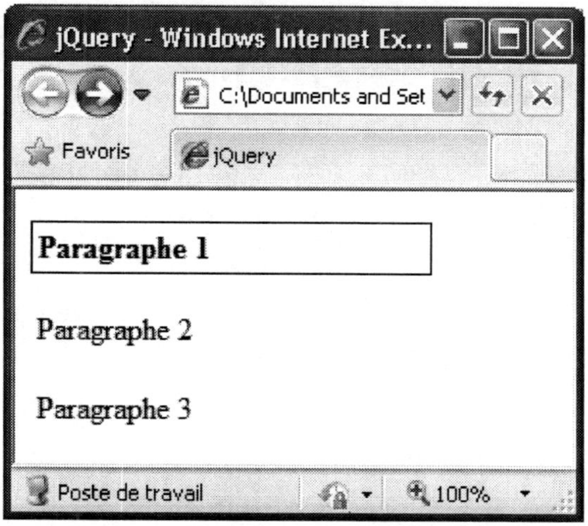


```
$(".gras").css("border","1px solid black");
```

La balise avec la classe `gras` est sélectionnée par jQuery (`$(".gras")`). Une bordure est alors appliquée.

<u>Commentaires</u>

On aurait pu noter : `$("p.gras").css("border","1px solid black")`. Ainsi, jQuery sélectionne les balises <p> avec la classe `gras`.

Selon les experts, cette notation serait plus efficace car jQuery peut retrouver directement les balises <p> dans le DOM et ensuite filtrer celles qui possèdent une classe `gras`.

La notation avec plusieurs classes est envisageable. `$(".classe1.classe2")` sélectionne tous les éléments qui ont comme nom de classe `classe1` et `classe2`.

Le sélecteur étoile * permet de sélectionner tous les éléments.

```
$("*").css("border","1px solid black");
```

jQuery permet d'associer plusieurs sélecteurs.

```
$("div,span,p.nom_classe").css("border","1px solid black");
```

C ■ Les sélecteurs hiérarchiques

La notation DOM avec ses parents, descendants, enfants, frères et sœurs (siblings) est maintenant bien ancrée dans l'écriture du JavaScript. La librairie jQuery ne pouvait ignorer cette façon de procéder.

1 Sélection des descendants

Ascendant Descendant

Sélectionne tous les descendants de l'élément noté "Descendant" par rapport à l'élément parent noté "Ascendant".

`$("#box p")` : sélectionne tous les descendants de <p> contenus dans l'élément parent identifié par `box`.

Les descendants peuvent être les enfants, les petits-enfants et les arrière-petits-enfants.

Exemple

Soit des divisions qui contiennent divers éléments. Retrouvons tous les descendants de l'élément identifié par `id="box"`.

```
<!DOCTYPE html PUBLIC "-//W3C//DTD XHTML 1.0 Transitional//EN"
"http://www.w3.org/TR/xhtml1/DTD/xhtml1-transitional.dtd">
<html xmlns="http://www.w3.org/1999/xhtml" xml:lang="fr"
lang="fr">
<head>
<meta http-equiv="Content-Type" content="text/html; charset=iso-
8859-1" />
<title>jQuery</title>
<script type="text/javascript" src="jquery.js" ></script>
<script type="text/javascript">
$(document).ready(function(){
$("#box *").css("border", "1px double black");
});
</script>
<style type="text/css">
span#box { display: block;}
div { width: 80px;
      height: 100px;
      margin: 5px;
      float: left;
      background: #9cf; }
p { text-align: center;}
</style>
</head>
<body>
<span id="box">
<div></div>
<div><p>X <img src="jquery.png" alt="" /> X</p></div>
<div><p>Par<br /><span>a</span><br />graphe</p></div>
</span>
</body>
</html>
```

```
$("#box *").css("border", "1px double black");
```

Le script jQuery sélectionne tous les descendants de l'élément avec un identifiant box (`$("#box *")`) et entoure ceux-ci d'une bordure.

Il faut remarquer que sont entourés d'une bordure, non seulement les enfants soit les divisions `<div>`, mais aussi les petits-enfants soit les balises `<p>` et les arrière-petits-enfants soit les balises `<img>` et `<span>`.

2 Sélection des enfants

Parent > Enfant

Sélectionne tous les éléments notés par "Enfant" qui sont les enfants directs de l'élément parent noté "Parent".

`$("#box > p")` : sélectionne tous les enfants immédiats de <p> contenus dans l'élément parent identifié par `box`.

<u>*Exemple*</u>

Reprenons l'agencement de l'exemple précédent. Retrouvons les enfants (et uniquement les enfants) de l'élément identifié par `id="box"`.

```
<!DOCTYPE html PUBLIC "-//W3C//DTD XHTML 1.0 Transitional//EN"
"http://www.w3.org/TR/xhtml1/DTD/xhtml1-transitional.dtd">
```

```
<html xmlns="http://www.w3.org/1999/xhtml" xml:lang="fr"
lang="fr">
<head>
<meta http-equiv="Content-Type" content="text/html; charset=iso-
8859-1" />
<title>jQuery</title>
<script type="text/javascript" src="jquery.js" ></script>
<script type="text/javascript">
$(document).ready(function(){
$("#box > *").css("border", "1px double black");
});
</script>
<style type="text/css">
span#box { display: block;}
div { width: 80px;
      height: 100px;
      margin: 5px;
      float: left;
      background: #9cf; }
p { text-align: center;}
</style>
</head>
<body>
<span id="box">
<div></div>
<div><p>X <img src="jquery.png" alt="" /> X</p></div>
<div><p>Par<br /><span>a</span><br />graphe</p></div>
</span>
</body>
</html>
```

```
$("#box > *").css("border", "1px double black");
```

Le script jQuery sélectionne tous les enfants directs de l'élément avec un identifiant box (`$("#box > *")`) et entoure ceux-ci d'une bordure.

Il faut remarquer que les petits-enfants `<p>` et arrière-petits-enfants `<img>` ou `<span>` ne sont plus entourés par une bordure.

On aurait pu écrire :

```
$("#box > div").css("border", "1px double black");
```

3 Sélection des frères suivants

Précédent ~ Frères

Cible les éléments frères situés après l'élément identifié par le sélecteur "Précédent" et qui répondent au sélecteur "Frères".

`$("#prev ~ div")` trouve toutes les divisions `<div>` qui sont frères après l'élément avec `#prev` comme identifiant.

Exemple

Soit une liste non ordonnée. Retrouvons les éléments frères du premier item de la liste.

```
<!DOCTYPE html PUBLIC "-//W3C//DTD XHTML 1.0 Transitional//EN"
"http://www.w3.org/TR/xhtml1/DTD/xhtml1-transitional.dtd">
<html xmlns="http://www.w3.org/1999/xhtml" xml:lang="fr"
lang="fr">
<head>
<meta http-equiv="Content-Type" content="text/html; charset=iso-
8859-1" />
<title>jQuery</title>
<script type="text/javascript" src="jquery.js" ></script>
<script type="text/javascript">
$(document).ready(function(){
$("li.un ~ li").css("border", "1px double black");
});
</script>
<style type="text/css">
li { width: 150px;
     padding-left: 3px;}
</style>
```

```
</head>
<body>
<ul>
<li class="un">Item 1</li>
<li class="deux">Item 2</li>
<li class="trois">Item 3</li>
<li class="quatre">Item 4</li>
<li class="cinq">Item 5</li>
</ul>
</body>
</html>
```

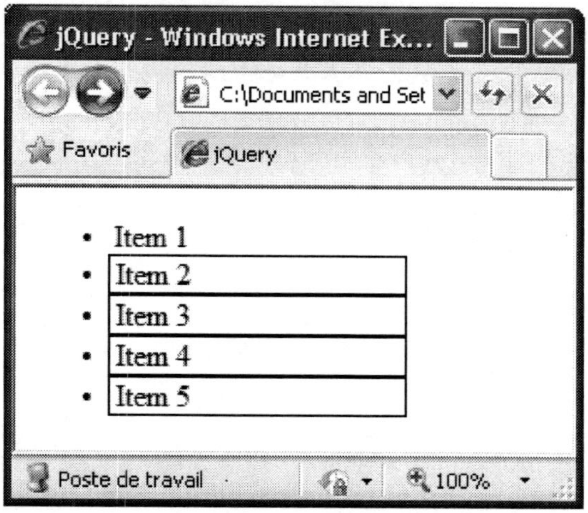


```
$("li.un ~ li").css("border", "1px double black");
```

Le script sélectionne tous les frères de l'élément de liste `<li>` doté de la classe `un` (`$("li.un ~ li")`). Tous les autres items de la liste sont ainsi repris.

4 Sélection de l'élément suivant

Précédent + Suivant

Cible l'élément immédiatement suivant situé après l'élément identifié par le sélecteur "Précédent" et qui répond au sélecteur "Suivant".

`$("#prev + div")` trouve la division `<div>` qui suit l'élément avec `#prev` comme identifiant.

Exemple

Soit une liste non ordonnée. Retrouvons l'élément suivant du premier item de la liste.

```
<!DOCTYPE html PUBLIC "-//W3C//DTD XHTML 1.0 Transitional//EN"
"http://www.w3.org/TR/xhtml1/DTD/xhtml1-transitional.dtd">
<html xmlns="http://www.w3.org/1999/xhtml" xml:lang="fr"
lang="fr">
<head>
<meta http-equiv="Content-Type" content="text/html; charset=iso-
8859-1" />
<title>jQuery</title>
<script type="text/javascript" src="jquery.js" ></script>
<script type="text/javascript">
$(document).ready(function(){
$("li.un + li").css("border", "1px double black");
});
</script>
<style type="text/css">
li { width: 150px;
     padding-left: 3px;}
</style>
</head>
<body>
<ul>
<li class="un">Item 1</li>
<li class="deux">Item 2</li>
<li class="trois">Item 3</li>
<li class="quatre">Item 4</li>
<li class="cinq">Item 5</li>
</ul>
</body>
</html>
```

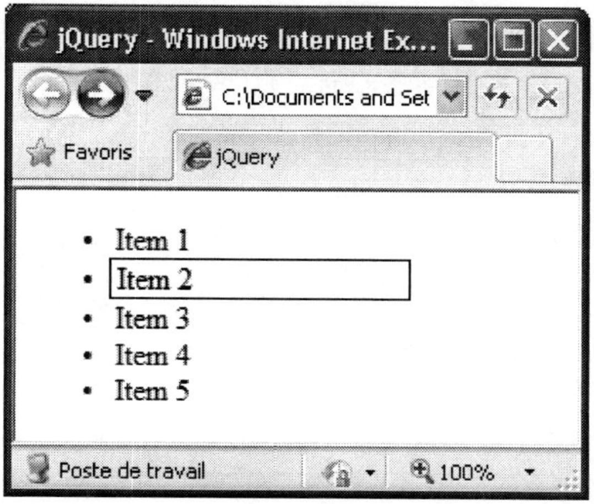


```
$("li.un + li").css("border", "1px double black");
```

Trouve le frère immédiat parmi les frères de l'élément de liste `<li>` doté de la classe `un` (`$("li.un + li")`).

D Les filtres jQuery de base

Tous les éléments du DOM étant répertoriés par jQuery, il devient facile de filtrer des éléments déterminés comme le premier, le dernier, etc.

1 Le premier élément

:first

Sélectionne la première instance d'un élément.

`$("li:first")` : sélectionne le premier élément de liste `<li>` du document.

> *Le sélecteur `:first` sélectionne un seul élément tandis que `:first-child` (voir Les filtres enfants - Le premier élément du présent chapitre) peut en sélectionner plusieurs, soit un pour chaque parent.*

<u>*Exemple*</u>

Mettre un arrière-plan de couleur à la première ligne d'un tableau.

```
<!DOCTYPE html PUBLIC "-//W3C//DTD XHTML 1.0 Transitional//EN"
"http://www.w3.org/TR/xhtml1/DTD/xhtml1-transitional.dtd">
<html xmlns="http://www.w3.org/1999/xhtml" xml:lang="fr"
lang="fr">
<head>
<meta http-equiv="Content-Type" content="text/html; charset=iso-
8859-1" />
<title>jQuery</title>
<script type="text/javascript" src="jquery.js"></script>
<script type="text/javascript">
$(document).ready(function(){
$("tr:first").css("background", "#9cf");
});
</script>
<style type="text/css">
table { width: 210px;
        border-collapse: collapse;
  border: 1px solid black;}
td { text-align: center;
     border: 1px solid black;}
</style>
</head>
<body>
<table>
<tr><td>1</td><td>2</td><td>3</td></tr>
<tr><td>4</td><td>5</td><td>6</td></tr>
<tr><td>7</td><td>8</td><td>9</td></tr>
<tr><td>10</td><td>11</td><td>12</td></tr>
</table>
</body>
</html>
```

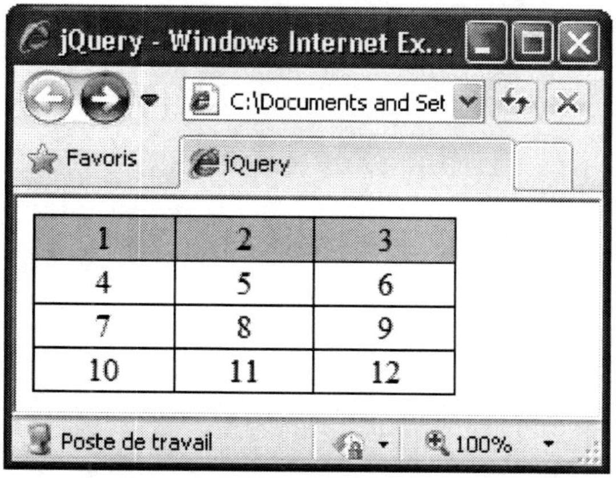


```
$("tr:first").css("background", "#9cf");
```

`$("tr:first")` sélectionne la première balise `<tr>`.

2 Le dernier élément

:last

Sélectionne la dernière instance d'un élément.

`$("li:last")` : sélectionne le dernier élément de liste `<li>` du document.

<u>*Exemple*</u>

Mettre un arrière-plan de couleur à la dernière cellule d'un tableau.

```
<!DOCTYPE html PUBLIC "-//W3C//DTD XHTML 1.0 Transitional//EN"
"http://www.w3.org/TR/xhtml1/DTD/xhtml1-transitional.dtd">
<html xmlns="http://www.w3.org/1999/xhtml" xml:lang="fr"
lang="fr">
<head>
<meta http-equiv="Content-Type" content="text/html; charset=iso-
8859-1" />
<title>jQuery</title>
<script type="text/javascript" src="jquery.js"></script>
<script type="text/javascript">
$(document).ready(function(){
```

```
$("td:last").css("background", "#9cf");
});
</script>
<style type="text/css">
table { width: 210px;
        border-collapse: collapse;
        border: 1px solid black;}
td { text-align: center;
     border: 1px solid black;}
</style>
</head>
<body>
<table>
<tr><td>1</td><td>2</td><td>3</td></tr>
<tr><td>4</td><td>5</td><td>6</td></tr>
<tr><td>7</td><td>8</td><td>9</td></tr>
<tr><td>10</td><td>11</td><td>12</td></tr>
</table>
</body>
</html>
```

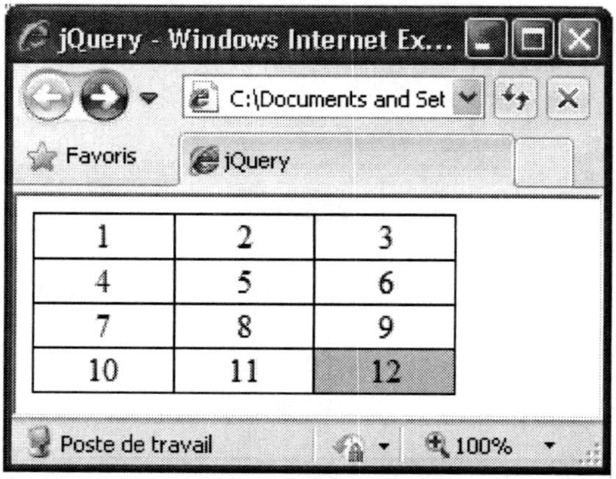


```
$("td:last").css("background", "#9cf");
```

`$("td:last")` : le script sélectionne la dernière balise <td>.

3 Les éléments pairs

:even

Sélectionne les éléments pairs selon un index commençant à 0.

`$("tr:even")` : sélectionne les lignes d'index JavaScript 0, 2, 4 soit les lignes 1, 3, 5 à l'écran.

Exemple

Appliquons un effet listing à un tableau en dotant une ligne sur deux d'un arrière-plan.

```
<!DOCTYPE html PUBLIC "-//W3C//DTD XHTML 1.0 Transitional//EN"
"http://www.w3.org/TR/xhtml1/DTD/xhtml1-transitional.dtd">
<html xmlns="http://www.w3.org/1999/xhtml" xml:lang="fr"
lang="fr">
<head>
<meta http-equiv="Content-Type" content="text/html; charset=iso-
8859-1" />
<title>jQuery</title>
<script type="text/javascript" src="jquery.js"></script>
<script type="text/javascript">
$(document).ready(function(){
$("tr:even").css("background", "#9cf");
});
</script>
<style type="text/css">
table { width: 210px;
        border-collapse: collapse;
        border: 1px solid black;}
td { text-align: center;
     border: 1px solid black;}
</style>
</head>
<body>
<table>
<tr><td>1</td><td>2</td><td>3</td></tr>
<tr><td>4</td><td>5</td><td>6</td></tr>
<tr><td>7</td><td>8</td><td>9</td></tr>
<tr><td>10</td><td>11</td><td>12</td></tr>
<tr><td>13</td><td>14</td><td>15</td></tr>
</table>
</body>
</html>
```

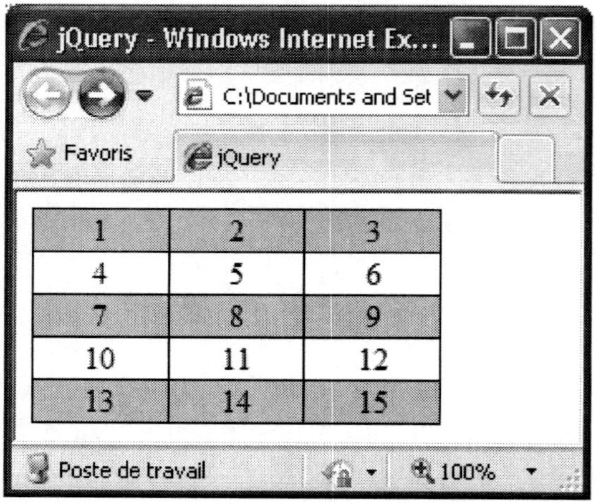


```
$("tr:even").css("background", "#9cf");
```

jQuery sélectionne les balises `<tr>` paires et les agrémente d'un arrière-plan de couleur.

> *Cet effet qui réclamerait de nombreuses lignes de code en JavaScript classique, se programme en jQuery en une seule ligne. Cet exemple illustre bien la concision du code généré en jQuery.*

4 Les éléments impairs

:odd

Sélectionne les éléments impairs selon un index commençant à 0.

`$("tr:odd")` : sélectionne les cellules d'index JavaScript 1, 3, 5 soit les cellules 2, 4, 6, ... à l'écran.

Exemple

Appliquons le même effet listing à un tableau en dotant une ligne sur deux d'un arrière-plan mais avec d'autres lignes qu'à l'exemple précédent.

```
<!DOCTYPE html PUBLIC "-//W3C//DTD XHTML 1.0 Transitional//EN"
"http://www.w3.org/TR/xhtml1/DTD/xhtml1-transitional.dtd">
```

```
<html xmlns="http://www.w3.org/1999/xhtml" xml:lang="fr"
lang="fr">
<head>
<meta http-equiv="Content-Type" content="text/html; charset=iso-
8859-1" />
<title>jQuery</title>
<script type="text/javascript" src="jquery.js"></script>
<script type="text/javascript">
$(document).ready(function(){
$("tr:odd").css("background", "#9cf");
});
</script>
<style type="text/css">
table { width: 210px;
        border-collapse: collapse;
        border: 1px solid black;}
td { text-align: center;
     border: 1px solid black;}
</style>
</head>
<body>
<table>
<tr><td>1</td><td>2</td><td>3</td></tr>
<tr><td>4</td><td>5</td><td>6</td></tr>
<tr><td>7</td><td>8</td><td>9</td></tr>
<tr><td>10</td><td>11</td><td>12</td></tr>
<tr><td>13</td><td>14</td><td>15</td></tr>
</table>
</body>
</html>
```

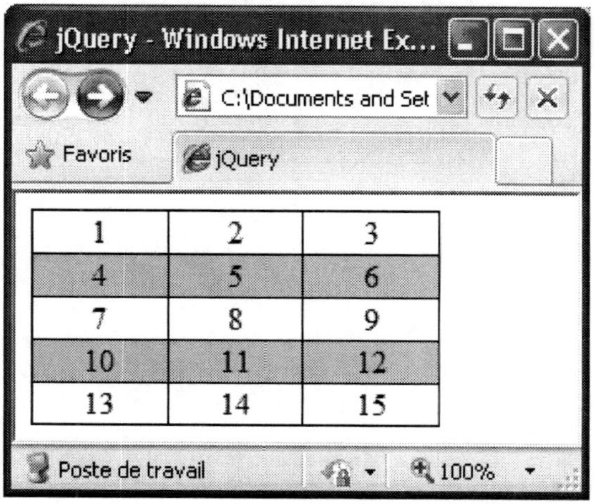


```
$("tr:odd").css("background", "#9cf");
```

jQuery sélectionne les balises `<tr>` impaires et les agrémente d'un arrière-plan de couleur.

5 Un élément déterminé

:eq(index)

Sélectionne l'élément déterminé par la valeur de l'index.

Comme les index JavaScript débutent à zéro, le sélecteur `:eq(0)` sélectionne donc le premier élément, `:eq(1)` le second élément et ainsi de suite.

`$("td:eq(2)")` : sélectionne la troisième cellule d'un tableau.

<u>*Exemple*</u>

Soit une liste numérotée. Retrouvons l'élément de liste qui apparaît en seconde position à l'écran.

```
<!DOCTYPE html PUBLIC "-//W3C//DTD XHTML 1.0 Transitional//EN"
"http://www.w3.org/TR/xhtml1/DTD/xhtml1-transitional.dtd">
<html xmlns="http://www.w3.org/1999/xhtml" xml:lang="fr"
lang="fr">
<head>
<meta http-equiv="Content-Type" content="text/html; charset=iso-
8859-1" />
<title>jQuery</title>
<script type="text/javascript" src="jquery.js"></script>
<script type="text/javascript">
$(document).ready(function(){
$("li:eq(1)").css("background", "#9cf");
});
</script>
<style type="text/css">
li { width: 150px;}
</style>
</head>
<body>
<ul>
<li>Item de liste 1</li>
<li>Item de liste 2</li>
<li>Item de liste 3</li>
<li>Item de liste 4</li>
```

```
<li>Item de liste 5</li>
</ul>
</body>
</html>
```

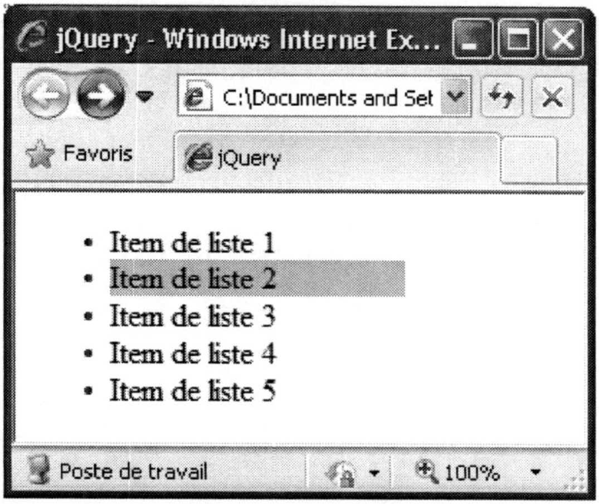


```
$("li:eq(1)").css("background", "#9cf");
```

Le second élément est accédé par `:eq(1)`. Il suffit de spécifier que c'est le second élément de liste (`$("li:eq(1)")`).

6 Les éléments suivants

:gt(index)

Sélectionne les éléments avec une valeur d'index supérieure (greater than) à la valeur fournie en paramètre.

Pour rappel, les index JavaScript débutent à 0.

`$("a:gt(1)")` : sélectionne tous les liens de la page en commençant par le troisième (soit après le second élément).

Exemple

Soit une liste numérotée. Sélectionnons les éléments de liste de l'item de liste 3 à la fin de celle-ci.

```
<!DOCTYPE html PUBLIC "-//W3C//DTD XHTML 1.0 Transitional//EN"
"http://www.w3.org/TR/xhtml1/DTD/xhtml1-transitional.dtd">
<html xmlns="http://www.w3.org/1999/xhtml" xml:lang="fr"
lang="fr">
<head>
<meta http-equiv="Content-Type" content="text/html; charset=iso-
8859-1" />
<title>jQuery</title>
<script type="text/javascript" src="jquery.js"></script>
<script type="text/javascript">
$(document).ready(function(){
$("li:gt(1)").css("background", "#9cf");
});
</script>
<style type="text/css">
li { width: 150px;}
</style>
</head>
<body>
<ul>
<li>Item de liste 1</li>
<li>Item de liste 2</li>
<li>Item de liste 3</li>
<li>Item de liste 4</li>
<li>Item de liste 5</li>
</ul>
</body>
</html>
```

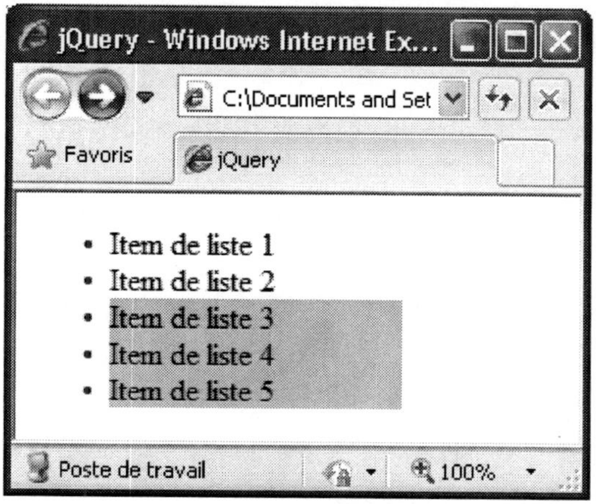


```
$("li:gt(1)").css("background", "#9cf");
```

`("li:gt(1)")` : tous les éléments de la liste qui suivent l'item 2 sont sélectionnés.

7 Les éléments précédents

:lt(index)

Sélectionne les éléments avec une valeur d'index inférieure (less than) à la valeur fournie en paramètre.

Par rappel, les index JavaScript débutent à 0.

`$("p:lt(3)")` : sélectionne tous les paragraphes situés avant le quatrième, soit les trois premiers paragraphes.

<u>Exemple</u>

Soit une liste numérotée. Sélectionnons les quatre premiers éléments de celle-ci.

```
<!DOCTYPE html PUBLIC "-//W3C//DTD XHTML 1.0 Transitional//EN"
"http://www.w3.org/TR/xhtml1/DTD/xhtml1-transitional.dtd">
<html xmlns="http://www.w3.org/1999/xhtml" xml:lang="fr"
lang="fr">
```

```
<head>
<meta http-equiv="Content-Type" content="text/html; charset=iso-
8859-1" />
<title>jQuery</title>
<script type="text/javascript" src="jquery.js"></script>
<script type="text/javascript">
$(document).ready(function(){
$("li:lt(4)").css("background", "#9cf");
});
</script>
<style type="text/css">
li { width: 150px;}
</style>
</head>
<body>
<ul>
<li>Item de liste 1</li>
<li>Item de liste 2</li>
<li>Item de liste 3</li>
<li>Item de liste 4</li>
<li>Item de liste 5</li>
</ul>
</body>
</html>
```

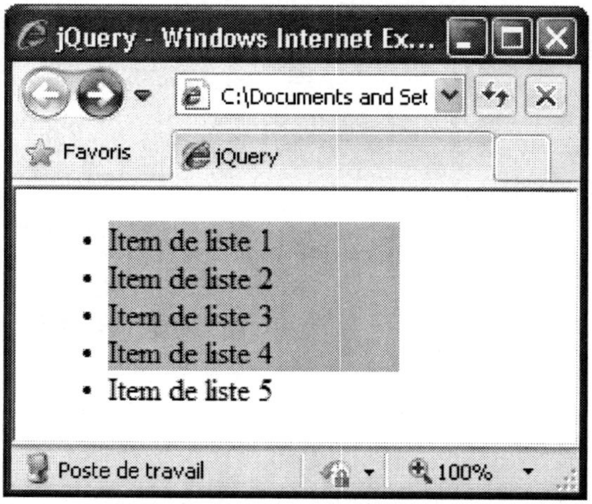


```
$("li:lt(4)").css("background", "#9cf");
```

`$("li:lt(4)")` : tous les éléments de liste qui précèdent l'item 5 sont sélectionnés.

8 Les balises de titre

:header

Retourne tous les éléments qui sont des balises de titre comme `<h1>`, `<h2>`, `<h3>`, etc.

`$(":header")` : sélectionne toutes les balises de titre de la page.

Exemple

Sélectionnons toutes les balises de titre de la page.

```
<!DOCTYPE html PUBLIC "-//W3C//DTD XHTML 1.0 Transitional//EN"
"http://www.w3.org/TR/xhtml1/DTD/xhtml1-transitional.dtd">
<html xmlns="http://www.w3.org/1999/xhtml" xml:lang="fr"
lang="fr">
<head>
<meta http-equiv="Content-Type" content="text/html; charset=iso-
8859-1" />
<title>jQuery</title>
<script type="text/javascript" src="jquery.js"></script>
<script type="text/javascript">
$(document).ready(function(){
$(":header").css("background", "#9cf");
});
</script>
<style type="text/css">
body { font-size: 10px; font-family: Arial; }
h1, h2, h3 { margin: 3px 0; }
</style>
</head>
<body>
<h1>Titre de niveau 1</h1>
<p>Contenu</p>
<h2>Titre de niveau 2</h2>
<p>Contenu</p>
<h3>Titre de niveau 3</h3>
<p>Contenu</p>
</body>
</html>
```

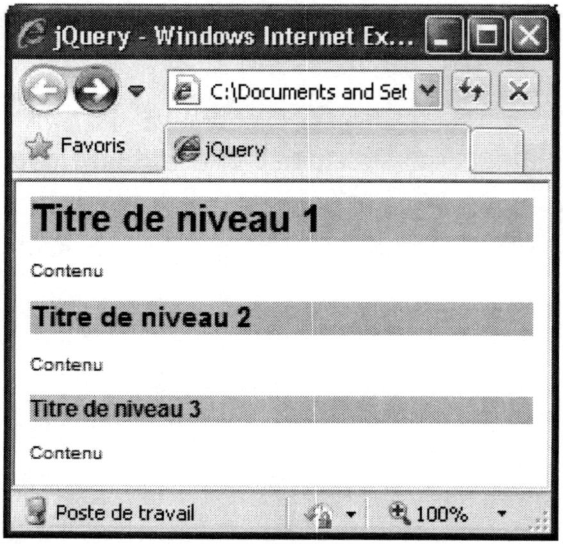


```
$(":header").css("background", "#9cf");
```

`$(":header")` : sélectionne toutes les balises de titre de la page.

9 Exclusion d'un élément

:not(sélecteur)

Exclut de la sélection tous les éléments qui répondent au critère spécifié par le sélecteur.

`$("div:not(#box)")` : sélectionne toutes les divisions sauf celle identifiée par box.

<u>*Exemple*</u>

Sélectionnons tous les éléments d'une liste à l'exclusion de premier et dernier item.

```
<!DOCTYPE html PUBLIC "-//W3C//DTD XHTML 1.0 Transitional//EN"
"http://www.w3.org/TR/xhtml1/DTD/xhtml1-transitional.dtd">
<html xmlns="http://www.w3.org/1999/xhtml" xml:lang="fr"
lang="fr">
```

```
<head>
<meta http-equiv="Content-Type" content="text/html; charset=iso-
8859-1" />
<title>jQuery</title>
<script type="text/javascript" src="jquery.js"></script>
<script type="text/javascript">
$(document).ready(function(){
$("li:not(:first, :last)").css("background", "#9cf");
});
</script>
<style type="text/css">
li { width: 150px;}
</style>
</head>
<body>
<ul>
<li>Item de liste 1</li>
<li>Item de liste 2</li>
<li>Item de liste 3</li>
<li>Item de liste 4</li>
<li>Item de liste 5</li>
</ul>
</body>
</html>
```

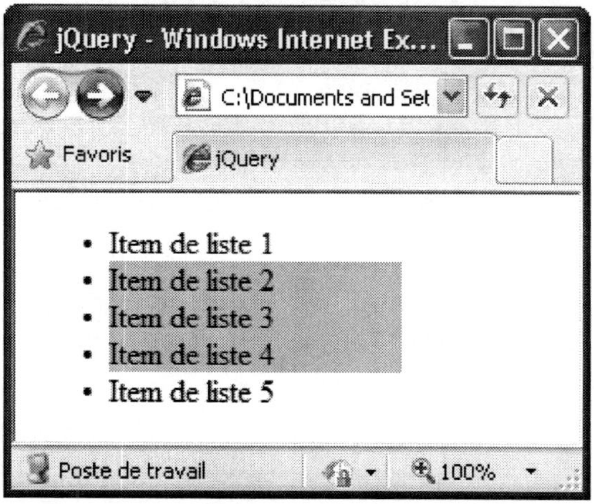


```
$("li:not(:first, :last)").css("background", "#9cf");
```

Sélectionne tous les éléments de liste `<li>` sauf la première et dernière occurrence de ceux-ci.

Il faut être attentif à l'ordre et au placement des parenthèses ouvrantes et surtout fermantes.

E Les filtres enfants

Dans ce chapitre, nous avons déjà abordé les sélecteurs hiérarchiques qui permettaient de sélectionner les enfants. Les filtres enfants permettent d'effectuer un tri parmi les enfants d'un élément.

1 Le premier enfant

:first-child

Sélectionne tous les éléments qui sont le premier enfant de leur parent.

`$("ul:first-child")` : sélectionne le premier enfant (soit le premier élément de liste) de la liste non ordonnée `<ul>`.

> *Le sélecteur `:first-child` peut sélectionner plusieurs éléments soit un pour chaque parent. À ne pas confondre avec `:first` qui ne reprend qu'un seul élément (voir la section Les filtres jQuery de base - Le premier élément du présent chapitre).*

<u>*Exemple*</u>

Retrouvons le premier lien inclus dans un paragraphe.

```
<!DOCTYPE html PUBLIC "-//W3C//DTD XHTML 1.0 Transitional//EN"
"http://www.w3.org/TR/xhtml1/DTD/xhtml1-transitional.dtd">
<html xmlns="http://www.w3.org/1999/xhtml" xml:lang="fr"
lang="fr">
<head>
<meta http-equiv="Content-Type" content="text/html; charset=iso-
8859-1" />
<title>jQuery</title>
<script type="text/javascript" src="jquery.js"></script>
<script type="text/javascript">
```

```
$(document).ready(function(){
$("p a:first-child").css("background", "#9cf");
});
</script>
<style type="text/css">
a { color: black;}
p { width: 150px;
    border: 1px dotted black;
    padding-left: 15px;}
</style>
</head>
<body>
<p>
<a href="#">Lien 1</a><br />
<a href="#">Lien 2</a><br />
<a href="#">Lien 3</a><br />
<a href="#">Lien 4</a><br />
<a href="#">Lien 5</a>
</p>
</body>
</html>
```

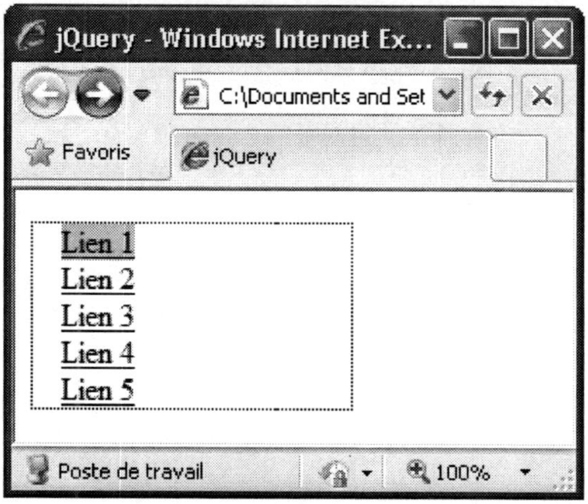


```
$("p a:first-child").css("background", "#9cf");
```

`$("p a:first-child")` : le premier lien <a>, enfant de la balise <p> est sélectionné.

2 Le dernier enfant

:last-child

Sélectionne tous les éléments qui sont le dernier enfant de leur parent.

`$("ul:last-child")` : sélectionne le dernier enfant (soit le dernier élément de liste) de la liste non ordonnée `<ul>`.

> *Le sélecteur `:last-child` peut sélectionner plusieurs éléments soit un pour chaque parent. À ne pas confondre avec `:last` qui ne reprend qu'un seul élément (voir la section Les filtres jQuery de base - Le dernier élément du présent chapitre).*

Exemple

Retrouvons le dernier lien inclus dans un paragraphe.

```
<!DOCTYPE html PUBLIC "-//W3C//DTD XHTML 1.0 Transitional//EN"
"http://www.w3.org/TR/xhtml1/DTD/xhtml1-transitional.dtd">
<html xmlns="http://www.w3.org/1999/xhtml" xml:lang="fr"
lang="fr">
<head>
<meta http-equiv="Content-Type" content="text/html; charset=iso-
8859-1" />
<title>jQuery</title>
<script type="text/javascript" src="jquery.js"></script>
<script type="text/javascript">
$(document).ready(function(){
$("p a:last-child").css("background", "#9cf");
});
</script>
<style type="text/css">
a { color: black;}
p { width: 150px;
    border: 1px dotted black;
    padding-left: 15px;}
</style>
</head>
<body>
<p>
<a href="#">Lien 1</a><br />
<a href="#">Lien 2</a><br />
<a href="#">Lien 3</a><br />
```

```
<a href="#">Lien 4</a><br />
<a href="#">Lien 5</a>
</p>
</body>
</html>
```

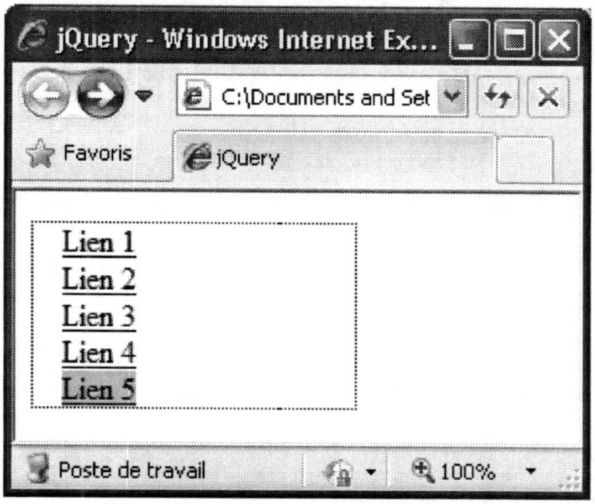


```
$("p a:last-child").css("background", "#9cf");
```

`$("p a:last-child")` : le dernier lien `<a>`, enfant de la balise `<p>` est sélectionné.

3 Le énième enfant

:nth-child(index)

Sélectionne les éléments qui sont le énième enfant de leur parent. La position est fournie par le paramètre index.

Au contraire de nombreux index en jQuery, l'index ne débute pas ici à 0 mais à 1.

`$("ul li:nth-child(2)")` : sélectionne le second élément `<li>` de la liste `<ul>`.

Revenons à cette fameuse exception concernant l'index. La plupart des index utilisés par jQuery font appel à des fonctions natives de JavaScript et respectent la convention de débuter les index à 0.
Le sélecteur `:nth-child`, sélecteur spécifique à jQuery, est strictement dérivé des spécifications CSS. La valeur d'index 1 signifie donc bien qu'il s'agit du premier élément.

La confusion avec `:eq(index)`, abordé à la section Les filtres jQuery de base - Un élément déterminé du présent chapitre, dont l'index commence à 0, peut être une source d'erreur difficilement décelable dans certains scripts jQuery.

Exemple

Retrouvons l'élément de liste qui apparaît en seconde position à l'écran.

```
<!DOCTYPE html PUBLIC "-//W3C//DTD XHTML 1.0 Transitional//EN"
"http://www.w3.org/TR/xhtml1/DTD/xhtml1-transitional.dtd">
<html xmlns="http://www.w3.org/1999/xhtml" xml:lang="fr"
lang="fr">
<head>
<meta http-equiv="Content-Type" content="text/html; charset=iso-
8859-1" />
<title>jQuery</title>
<script type="text/javascript" src="jquery.js"></script>
<script type="text/javascript">
$(document).ready(function(){
$("li:nth-child(2)").css("background", "#9cf");
});
</script>
<style type="text/css">
li { width: 150px;}
</style>
</head>
<body>
<ul>
<li>Item de liste 1</li>
<li>Item de liste 2</li>
<li>Item de liste 3</li>
<li>Item de liste 4</li>
<li>Item de liste 5</li>
</ul>
</body>
</html>
```

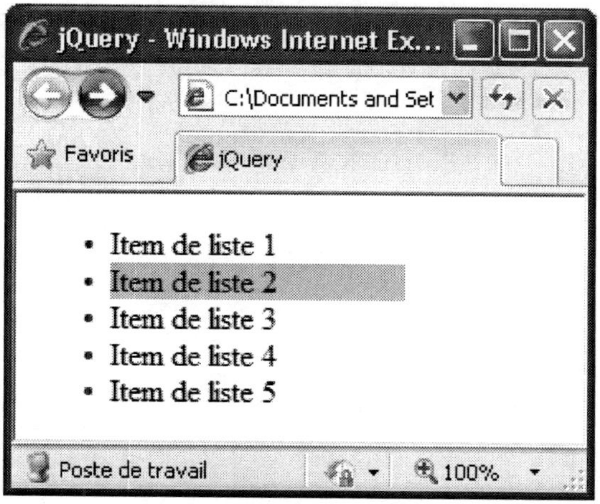


```
$("li:nth-child(2)").css("background", "#9cf");
```

Le script sélectionne tous les éléments de liste <li> qui sont en seconde position dans l'ordre des enfants.

Avec le filtre :eq(), nous aurions utilisé la notation :

```
$("li:eq(1)").css("background", "#9cf");
```

4 Les enfants pairs et impairs

Variante du sélecteur précédent. Le sélecteur nth-child peut sélectionner les éléments pairs et impairs.

:nth-child(even ou odd)

Sélectionne les éléments qui sont les nièmes enfants pairs (even) ou impairs (odd) de leur parent.

Comme :nth-child dont il est une variante, l'index débute à 1.

$("table tr:nth-child(odd)") : sélectionne les lignes impaires <tr> du tableau.

Ici aussi la confusion avec `:even` et `:odd` (voir les sections Les filtres jQuery de base - Les éléments pairs et Les filtres jQuery de base - Les éléments impairs du présent chapitre) est possible car l'index de ceux-ci démarre à 0.

```
<!DOCTYPE html PUBLIC "-//W3C//DTD XHTML 1.0 Transitional//EN"
"http://www.w3.org/TR/xhtml1/DTD/xhtml1-transitional.dtd">
<html xmlns="http://www.w3.org/1999/xhtml" xml:lang="fr"
lang="fr">
<head>
<meta http-equiv="Content-Type" content="text/html; charset=iso-
8859-1" />
<title>jQuery</title>
<script type="text/javascript" src="jquery.js"></script>
<script type="text/javascript">
$(document).ready(function(){
$("table tr:nth-child(odd)").css("background", "#9cf");});
</script>
<style type="text/css">
table { width: 210px;
        border-collapse: collapse;
        border: 1px solid black;}
td { text-align: center;
     border: 1px solid black;}
</style>
</head>
<body>
<table>
<tr><td>1</td><td>2</td><td>3</td></tr>
<tr><td>4</td><td>5</td><td>6</td></tr>
<tr><td>7</td><td>8</td><td>9</td></tr>
<tr><td>10</td><td>11</td><td>12</td></tr>
<tr><td>13</td><td>14</td><td>15</td></tr>
</table>
</body>
</html>
```

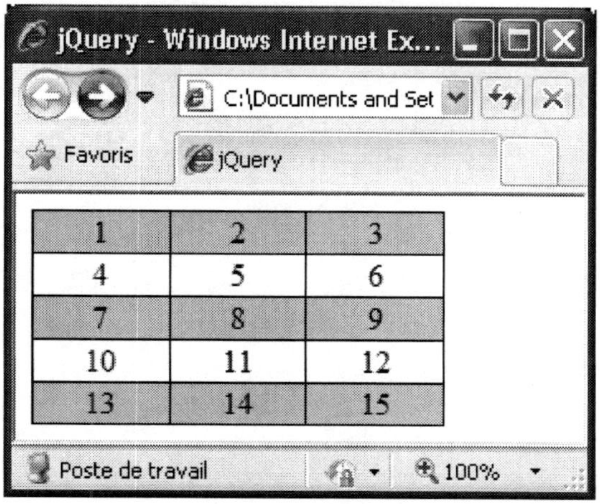


```
$("table tr:nth-child(odd)").css("background", "#9cf");});
```

Le script sélectionne tous les éléments de ligne `<tr>` qui sont en rang impair dans l'ordre des enfants de la balise `<table>`.

5 Les enfants uniques

:only-child

Sélectionne tous les éléments qui sont enfant unique de leur parent. Si le parent a plusieurs enfants, aucune sélection n'est effectuée.

`$("div button:only-child")` : retrouve les boutons (balise `<button>`) qui n'ont pas de frère(s) dans toutes les divisions rencontrées.

Exemple

Retrouver le lien qui est enfant unique d'une balise de paragraphe `<p>`.

```
<!DOCTYPE html PUBLIC "-//W3C//DTD XHTML 1.0 Transitional//EN"
"http://www.w3.org/TR/xhtml1/DTD/xhtml1-transitional.dtd">
<html xmlns="http://www.w3.org/1999/xhtml" xml:lang="fr"
lang="fr">
<head>
<meta http-equiv="Content-Type" content="text/html; charset=iso-
8859-1" />
<title>jQuery</title>
```

```
<script type="text/javascript" src="jquery.js"></script>
<script type="text/javascript">
$(document).ready(function(){
$("p a:only-child").css("background", "#9cf");
});
</script>
<style type="text/css">
a { color: black;}
p { width: 150px;
    border: 1px dotted black;
    padding-left: 10px;
    margin-bottom: 0px;}
</style>
</head>
<body>
<p><a href="#">Lien 1</a> | <a href="#">Lien 2</a> | <a
href="#">Lien 3</a><br /></p>
<p><a href="#">Lien 1</a></p>
<p><a href="#">Lien 1</a> | <a href="#">Lien 2</a></p>
</body>
</html>
```

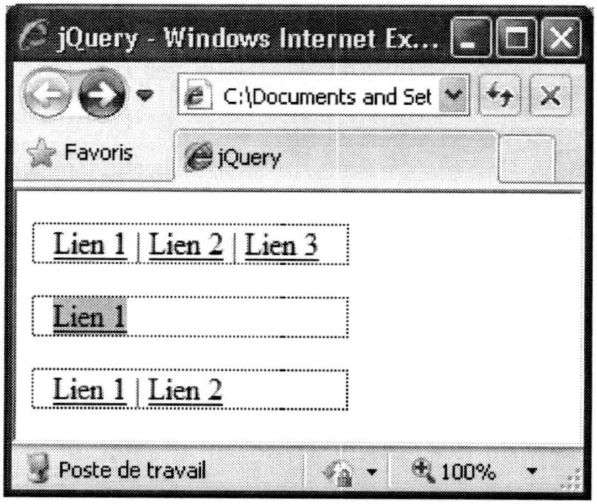


```
$("p a:only-child").css("background", "#9cf");
```

`$("p a:only-child")` : jQuery passe en revue les différents paragraphes. Examine les liens `<a>` présents dans ceux-ci et ne retient que le paragraphe qui ne comporte qu'un seul lien.

F Les filtres de contenu

1 Un texte donné

:contains(texte)

Sélectionne les éléments qui contiennent un texte ou un fragment de texte fourni en argument.

Il faut noter que l'argument texte est sensible à la casse (*case sensitive*).

`$("div:contains('Eni')")` : sélectionne les divisions qui contiennent le texte "Eni".

Exemple

Mettons en évidence les paragraphes qui contiennent le fragment de texte "En".

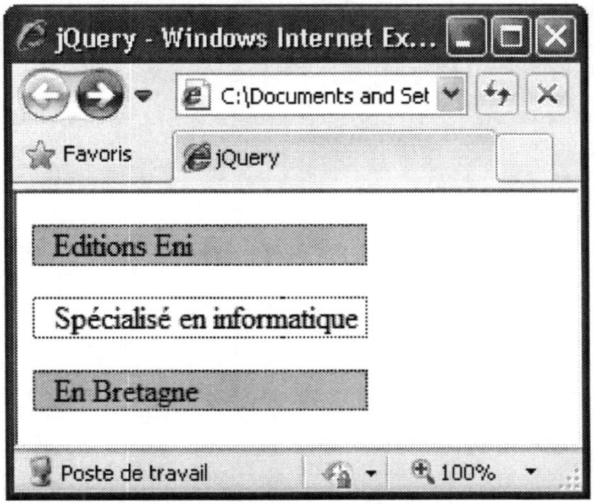


```
<!DOCTYPE html PUBLIC "-//W3C//DTD XHTML 1.0 Transitional//EN"
"http://www.w3.org/TR/xhtml1/DTD/xhtml1-transitional.dtd">
<html xmlns="http://www.w3.org/1999/xhtml" xml:lang="fr"
lang="fr">
<head>
```

```
<meta http-equiv="Content-Type" content="text/html; charset=iso-
8859-1" />
<title>jQuery</title>
<script type="text/javascript" src="jquery.js"></script>
<script type="text/javascript">
$(document).ready(function(){
$("p:contains(En)").css("background", "#9cf");
});
</script>
<style type="text/css">
a { color: black;}
p { width: 150px;
    border: 1px dotted black;
    padding-left: 10px;
    margin-bottom: 0px;}
</style>
</head>
<body>
<p>Editions Eni</p>
<p>Spécialisé en informatique</p>
<p>En Bretagne</p>
</body>
</html>
```

```
$("p:contains(En)").css("background", "#9cf");
```

`$("p:contains(En)")` : met en évidence les paragraphes contenant les lettres "En".

2 Un contenu vide

:empty

Sélectionne tous les éléments qui n'ont pas d'enfants (inclus les nœuds de texte).

`$("div:empty")` : sélectionne les divisions vides.

Exemple

Retrouvons les cellules vides d'un tableau.

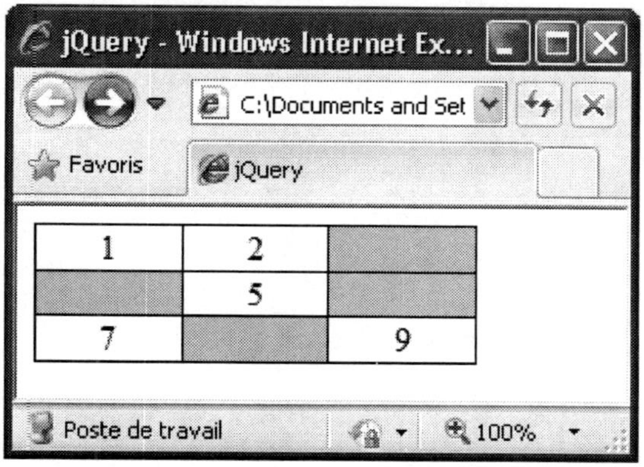


```
<!DOCTYPE html PUBLIC "-//W3C//DTD XHTML 1.0 Transitional//EN"
"http://www.w3.org/TR/xhtml1/DTD/xhtml1-transitional.dtd">
<html xmlns="http://www.w3.org/1999/xhtml" xml:lang="fr"
lang="fr">
<head>
<meta http-equiv="Content-Type" content="text/html; charset=iso-
8859-1" />
<title>jQuery</title>
<script type="text/javascript" src="jquery.js"></script>
<script type="text/javascript">
$(document).ready(function(){
$("td:empty").css("background", "#9cf");});
</script>
<style type="text/css">
table { width: 210px;
        border-collapse: collapse;
        border: 1px solid black;}
td { text-align: center;
     border: 1px solid black;}
</style>
</head>
<body>
<table>
<tr><td>1</td><td>2</td><td></td></tr>
<tr><td></td><td>5</td><td></td></tr>
<tr><td>7</td><td></td><td>9</td></tr>
</table>
</body>
</html>
```

```
$("td:empty").css("background", "#9cf");});
```

`$("td:empty")` : retrouve les cellules de tableau <td> vides.

3 La qualité de parent

:parent

Sélectionne les éléments qui sont parent, c'est-à-dire qui ont des éléments enfants, inclus les nœuds de texte.

`$("div:parent")` : sélectionne les divisions qui ont des éléments enfants.

Ce sélecteur est en quelque sorte l'inverse du précédent.

Exemple

Reprenons notre tableau et retrouvons les cellules non vides.

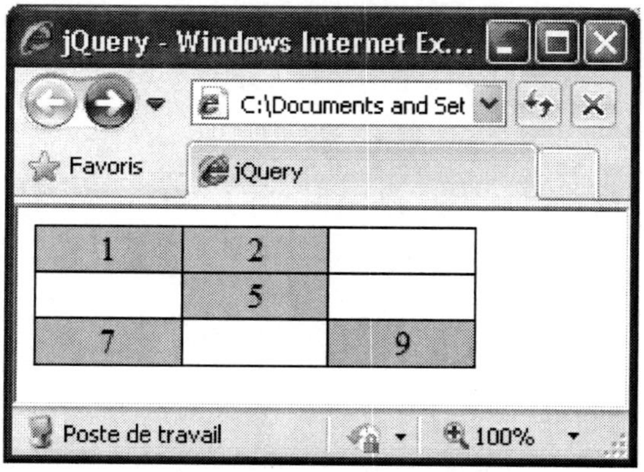


```
<!DOCTYPE html PUBLIC "-//W3C//DTD XHTML 1.0 Transitional//EN"
"http://www.w3.org/TR/xhtml1/DTD/xhtml1-transitional.dtd">
<html xmlns="http://www.w3.org/1999/xhtml" xml:lang="fr"
lang="fr">
<head>
<meta http-equiv="Content-Type" content="text/html; charset=iso-
8859-1" />
<title>jQuery</title>
<script type="text/javascript" src="jquery.js"></script>
<script type="text/javascript">
$(document).ready(function(){
```

```
$("td:parent").css("background", "#9cf");});
</script>
<style type="text/css">
table { width: 210px;
        border-collapse: collapse;
        border: 1px solid black;}
td { text-align: center;
     border: 1px solid black;}
</style>
</head>
<body>
<table>
<tr><td>1</td><td>2</td><td></td></tr>
<tr><td></td><td>5</td><td></td></tr>
<tr><td>7</td><td></td><td>9</td></tr>
</table>
</body>
</html>
```

```
$("td:parent").css("background", "#9cf");});
```

`$("td:parent")`: retrouve les cellules de tableau `<td>` qui ont un contenu et qui sont donc parent.

4 Un sélecteur déterminé

:has(sélecteur)

Sélectionne les éléments qui contiennent le sélecteur transmis en argument.

`$("div:has(p)")`: sélectionne les divisions qui contiennent un ou des paragraphe(s).

Exemple

Retrouvons le paragraphe qui comporte un lien.

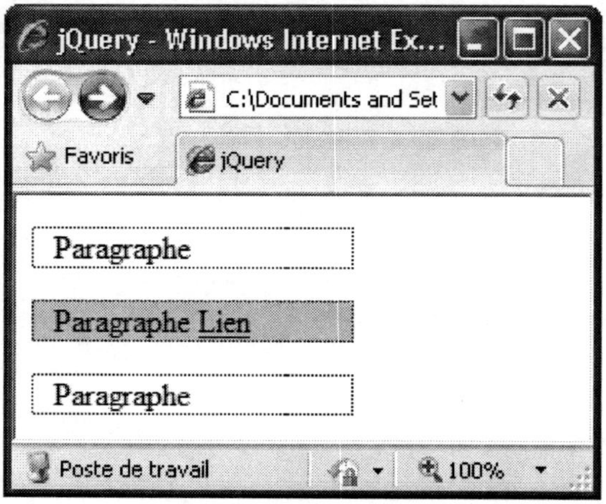


```
<!DOCTYPE html PUBLIC "-//W3C//DTD XHTML 1.0 Transitional//EN"
"http://www.w3.org/TR/xhtml1/DTD/xhtml1-transitional.dtd">
<html xmlns="http://www.w3.org/1999/xhtml" xml:lang="fr"
lang="fr">
<head>
<meta http-equiv="Content-Type" content="text/html; charset=iso-
8859-1" />
<title>jQuery</title>
<script type="text/javascript" src="jquery.js"></script>
<script type="text/javascript">
$(document).ready(function(){
$("p:has(a)").css("background", "#9cf");
});
</script>
<style type="text/css">
a { color: black;}
p { width: 150px;
    border: 1px dotted black;
    padding-left: 10px;
    margin-bottom: 0px;}
</style>
</head>
<body>
<p>Paragraphe</p>
<p>Paragraphe <a href="#">Lien</a></p>
<p>Paragraphe</p>
</body>
</html>
```

```
$("p:has(a)").css("background", "#9cf");
```

`$("p:has(a)")` : retrouve le paragraphe qui possède un lien.

G Les filtres de visibilité

1 Élément visible

:visible

Sélectionne les éléments qui sont visibles.

`$("p:visible")` : sélectionne les paragraphes visibles.

> *Pour ce filtre jQuery, un élément est considéré comme visible s'il consomme de l'espace dans le document. Les propriétés CSS de visibilité ne sont pas prises en compte.*

Exemple

Dotons les divisions visibles d'un arrière-plan de couleur.

```
<!DOCTYPE html PUBLIC "-//W3C//DTD XHTML 1.0 Transitional//EN"
"http://www.w3.org/TR/xhtml1/DTD/xhtml1-transitional.dtd">
<html xmlns="http://www.w3.org/1999/xhtml" xml:lang="fr"
lang="fr">
<head>
<meta http-equiv="Content-Type" content="text/html; charset=iso-
8859-1" />
<title>jQuery</title>
<script type="text/javascript" src="jquery.js" ></script>
<script type="text/javascript">
$(document).ready(function(){
$('div:visible").css("background", "#9cf");
});
</script>
<style type="text/css">
.hidden { display:none;}
div { width: 40px;
      height: 40px;
```

```
      margin: 5px;
      float: left;
      border: 1px solid black;}
p { text-align: center;}
</style>
</head>
<body>
<div></div>
<div></div>
<div></div>
<div></div>
<div></div>
<div class="hidden"></div>
<div class="hidden"></div>
</body>
</html>
```

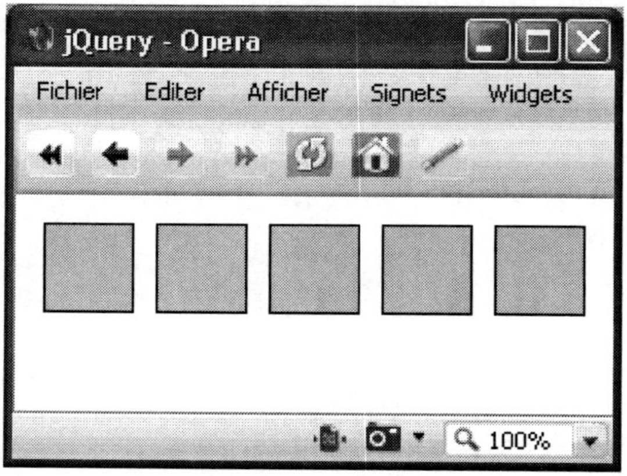


```
$("div:visible").css("background", "#9cf");
```

`$("div:visible")` : uniquement les divisions visibles sont sélectionnées.

2 Elément caché

:hidden

Sélectionne les éléments qui sont cachés.

`$("p:hidden")` : sélectionne les paragraphes cachés.

Exemple

Ce script va afficher, au clic du bouton, les divisions cachées.

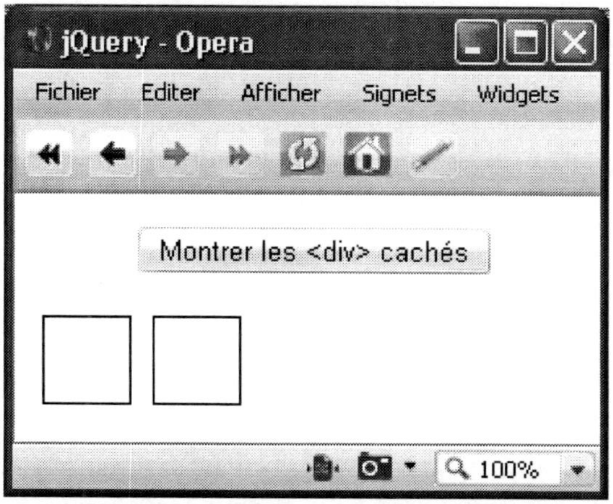

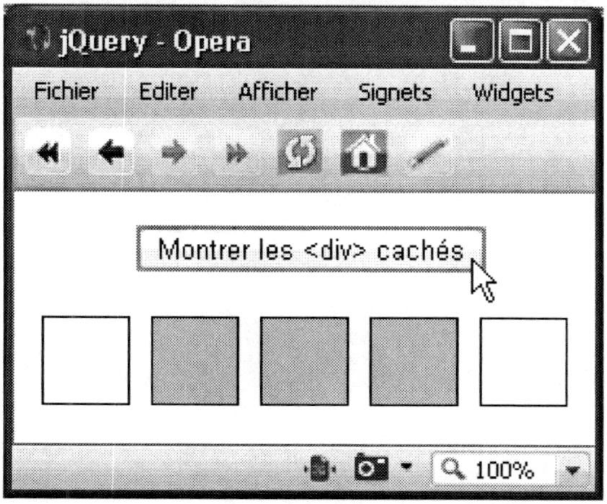


```
<!DOCTYPE html PUBLIC "-//W3C//DTD XHTML 1.0 Transitional//EN"
"http://www.w3.org/TR/xhtml1/DTD/xhtml1-transitional.dtd">
<html xmlns="http://www.w3.org/1999/xhtml" xml:lang="fr"
lang="fr">
<head>
<meta http-equiv="Content-Type" content="text/html; charset=iso-
8859-1" />
<title>jQuery</title>
<script type="text/javascript" src="jquery.js" ></script>
<script type="text/javascript">
$(document).ready(function(){
```

```
$("button").click(function () {
$("div:hidden").css("background", "#9cf").show();
});
});
</script>
<style type="text/css">
button {margin-left: 50px;}
.hidden { display:none; }
div { width: 40px;
      height: 40px;
      margin: 5px;
      float: left;
      border: 1px solid black;}
</style>
</head>
<body>
<p><button>Montrer les &lt;div&gt; cachés</button></p>
<div class="box"></div>
<div class="hidden"></div>
<div class="hidden"></div>
<div class="hidden"></div>
<div class="box"></div>
</body>
</html>
```

Détaillons brièvement le script.

```
$("button").click(function () {
$("div:hidden").show("fast");
});
```

Au clic du bouton (`$("button").click(function()`), les divisions cachées (`("div:hidden")`) sont affichées (`show("fast")`).

H

Les filtres d'attribut

Les attributs sont nombreux dans le langage Html et Xhtml. Citons `title`, `alt`, `src`, `href`, `width`, `style`, etc.

Dans certaines documentations disponibles sur Internet, vous êtes susceptibles de retrouver la notation `[@attr]` relative aux filtres d'attribut.

Cette notation a été retirée de la version jQuery 1.3. Il suffit simplement de retirer le signe @ des sélecteurs pour la rendre compatible avec la spécification 1.3.

1 L'attribut

[attribut]

Sélectionne les éléments dotés de l'attribut spécifié.

`$("div[id]")` : sélectionne les éléments qui ont un attribut `id`.

Exemple

Retrouvons les éléments de liste avec l'attribut `class`.

```
<!DOCTYPE html PUBLIC "-//W3C//DTD XHTML 1.0 Transitional//EN"
"http://www.w3.org/TR/xhtml1/DTD/xhtml1-transitional.dtd">
<html xmlns="http://www.w3.org/1999/xhtml" xml:lang="fr"
lang="fr">
<head>
<meta http-equiv="Content-Type" content="text/html; charset=iso-
8859-1" />
<title>jQuery</title>
<script type="text/javascript" src="jquery.js"></script>
<script type="text/javascript">
$(document).ready(function(){
$("li[class]").css("border", "1px solid black");
});
</script>
<style type="text/css">
li { width: 150px;}
.italique { font-style: italic; }
</style>
</head>
<body>
<ul>
<li class="italique">Item de liste 1</li>
<li class="italique">Item de liste 2</li>
<li>Item de liste 3</li>
<li class="italique">Item de liste 4</li>
<li>Item de liste 5</li>
</ul>
</body>
</html>
```

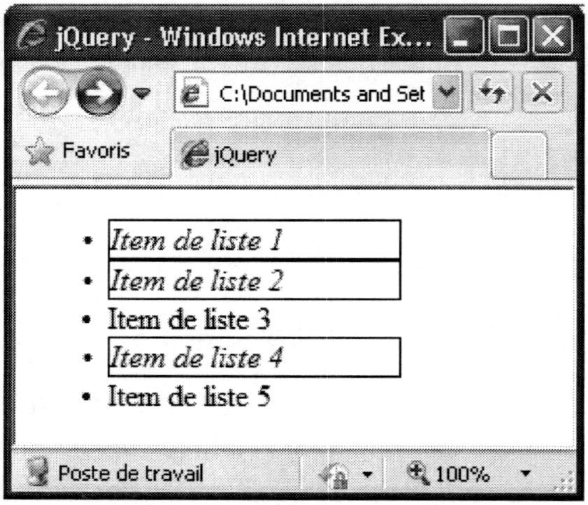


```
$("li[class]").css("border", "1px solid black");
```

`$("li[class]")` : parmi les éléments de liste `<li>`, jQuery sélectionne ceux qui possèdent un attribut de classe.

2 L'attribut avec une certaine valeur

[attribut=valeur]

Sélectionne les éléments dotés d'un attribut avec une valeur déterminée.

`$("input[name='newsletter']")` : sélectionne l'élément de formulaire `<input>` avec un attribut `name="newsletter"`.

<u>*Exemple*</u>

Mettons en exergue les éléments de liste dotés de l'attribut de classe `class="gras"`.

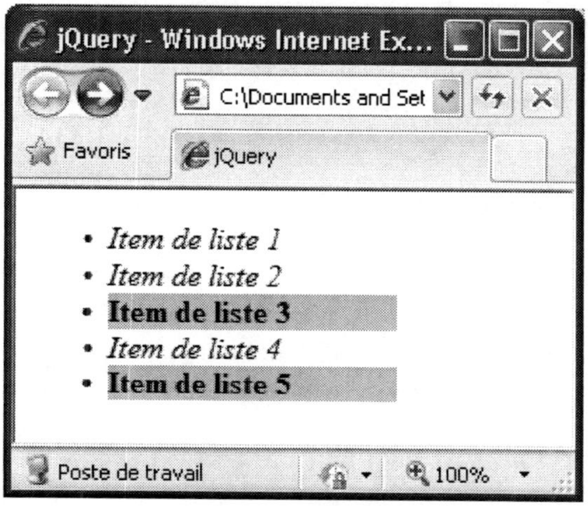


```
<!DOCTYPE html PUBLIC "-//W3C//DTD XHTML 1.0 Transitional//EN"
"http://www.w3.org/TR/xhtml1/DTD/xhtml1-transitional.dtd">
<html xmlns="http://www.w3.org/1999/xhtml" xml:lang="fr"
lang="fr">
<head>
<meta http-equiv="Content-Type" content="text/html; charset=iso-
8859-1" />
<title>jQuery</title>
<script type="text/javascript" src="jquery.js"></script>
<script type="text/javascript">
$(document).ready(function(){
$('li[class='gras']").css("background", "#9cf");
});
</script>
<style type="text/css">
li { width: 150px;}
.italique { font-style: italic;}
.gras { font-weight: bolder;}
</style>
</head>
<body>
<ul>
<li class="italique">Item de liste 1</li>
<li class="italique">Item de liste 2</li>
<li class="gras">Item de liste 3</li>
<li class="italique">Item de liste 4</li>
<li class="gras">Item de liste 5</li>
</ul>
</body>
</html>
```

```
$("li[class='gras']").css("background", "#9cf");
```

`$("li[class='gras']")` : parmi les éléments de liste `<li>`, jQuery sélectionne ceux qui possèdent un attribut de classe `class="gras"`.

3 L'attribut qui n'a pas une certaine valeur

[attribut!=valeur]

Sélectionne les éléments qui n'ont pas l'attribut spécifié et ceux qui ont l'attribut spécifié mais pas avec la valeur indiquée. Valeur est case sensitive.

`$("input[name!=newsletter]")` : sélectionne les éléments de formulaire `<input>` qui n'ont pas d'attribut `name` et ceux qui ont un attribut `name` avec une autre valeur que `newsletter`.

Exemple

Retrouvons les liens qui n'ont pas l'attribut `title="lien interne"`.

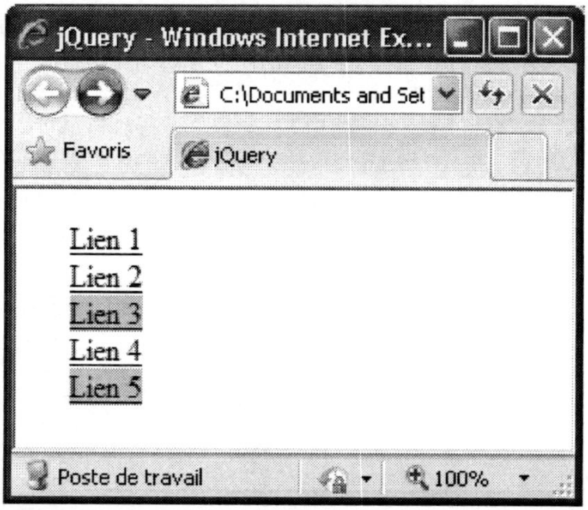


```
<!DOCTYPE html PUBLIC "-//W3C//DTD XHTML 1.0 Transitional//EN"
"http://www.w3.org/TR/xhtml1/DTD/xhtml1-transitional.dtd">
<html xmlns="http://www.w3.org/1999/xhtml" xml:lang="fr"
lang="fr">
<head>
<meta http-equiv="Content-Type" content="text/html; charset=iso-
```

```
8859-1" />
<title>jQuery</title>
<script type="text/javascript" src="jquery.js"></script>
<script type="text/javascript">
$(document).ready(function(){
$("a[title!='lien interne']").css("background", "#9cf");
});
</script>
<style type="text/css">
a { color: black;}
p { margin-left: 20px;}
</style>
</head>
<body>
<p>
<a href="#" title="lien interne">Lien 1</a><br />
<a href="#" title="lien interne">Lien 2</a><br />
<a href="#" title="lien externe">Lien 3</a><br />
<a href="#" title="lien interne">Lien 4</a><br />
<a href="#" title="lien externe">Lien 5</a><br />
</p>
</body>
</html>
```

```
$("a[title!='lien interne']").css("background", "#9cf");
```

`$("a[title!='lien interne']")` : parmi les liens `<a>`, retenons ceux qui n'ont pas l'attribut `title="lien interne"`.

4 L'attribut dont la valeur commence par

[attribut ^ =value]

Sélectionne les éléments qui possèdent l'attribut spécifié et dont la valeur commence par les caractères indiqués.

`$("input[name^='news']")` : sélectionne les éléments de formulaire `<input>` avec l'attribut `name` et dont la valeur de celui-ci commence par les caractères "news".

Exemple

Parmi les liens disponibles, retenons ceux dont l'attribut `title` *commence par la lettre X.*

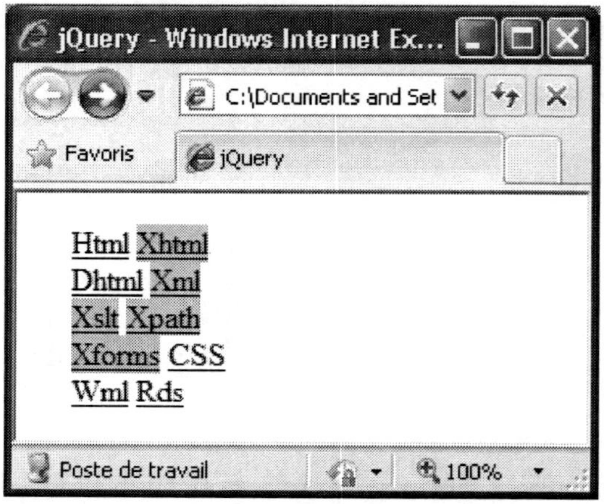


```
<!DOCTYPE html PUBLIC "-//W3C//DTD XHTML 1.0 Transitional//EN"
"http://www.w3.org/TR/xhtml1/DTD/xhtml1-transitional.dtd">
<html xmlns="http://www.w3.org/1999/xhtml" xml:lang="fr"
lang="fr">
<head>
<meta http-equiv="Content-Type" content="text/html; charset=iso-
8859-1" />
<title>jQuery</title>
<script type="text/javascript" src="jquery.js"></script>
<script type="text/javascript">
$(document).ready(function(){
$("a[title^='X']").css("background", "#9cf");
});
</script>
<style type="text/css">
a { color: black;}
p { margin-left: 20px;}
</style>
</head>
<body>
<p>
<a href="#" title="Html">Html</a> <a href="#"
title="Xhtml">Xhtml</a><br />
<a href="#" title="Dhtml">Dhtml</a> <a href="#"
title="Xml">Xml</a><br />
<a href="#" title="Xslt">Xslt</a> <a href="#"
title="Xpath">Xpath</a><br />
```

```
<a href="#" title="Xforms">Xforms</a> <a href="#"
title="CSS">CSS</a><br />
<a href="#" title="Wml">Wml</a> <a href="#"
title="Rds">Rds</a></p>
</body>
</html>
```

```
$("a[title^='X']").css("background", "#9cf");
```

`$("a[title^='X']")` : parmi les liens `<a>`, retenons ceux dont l'attribut `title` commence par le lettre X.

5 L'attribut dont la valeur finit par

[attribut$=value]

Sélectionne les éléments qui possèdent l'attribut spécifié et dont la valeur se termine par les caractères indiqués.

`$("input[name$='letter']")` : sélectionne les éléments de formulaire `<input>` avec l'attribut `name` et dont la valeur de celui-ci se termine par les caractères "letter".

<u>*Exemple*</u>

En reprenant l'exemple précédent, retenons les liens dont l'attribut `title` se termine par les lettres "ml".

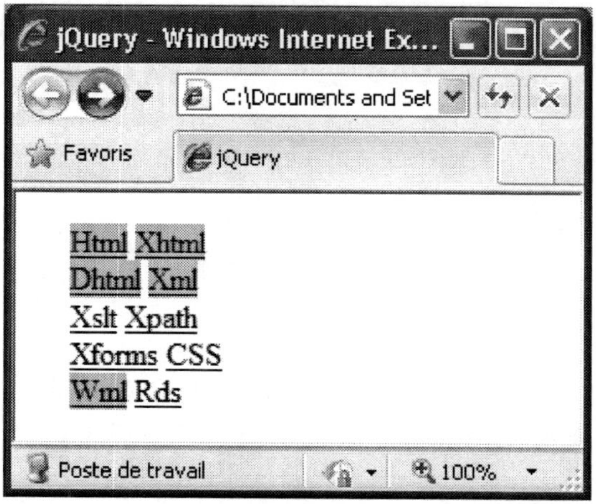

```
<!DOCTYPE html PUBLIC "-//W3C//DTD XHTML 1.0 Transitional//EN"
"http://www.w3.org/TR/xhtml1/DTD/xhtml1-transitional.dtd">
<html xmlns="http://www.w3.org/1999/xhtml" xml:lang="fr"
lang="fr">
<head>
<meta http-equiv="Content-Type" content="text/html; charset=iso-
8859-1" />
<title>jQuery</title>
<script type="text/javascript" src="jquery.js"></script>
<script type="text/javascript">
$(document).ready(function(){
$("a[title$='ml']").css("background", "#9cf");
});
</script>
<style type="text/css">
a { color: black;}
p { margin-left: 20px;}
</style>
</head>
<body>
<p>
<a href="#" title="Html">Html</a> <a href="#"
title="Xhtml">Xhtml</a><br />
<a href="#" title="Dhtml">Dhtml</a> <a href="#"
title="Xml">Xml</a><br />
<a href="#" title="Xslt">Xslt</a> <a href="#"
title="Xpath">Xpath</a><br />
<a href="#" title="Xforms">Xforms</a> <a href="#"
title="CSS">CSS</a><br />
<a href="#" title="Wml">Wml</a> <a href="#"
title="Rds">Rds</a></p>
</body>
</html>
```

```
$("a[title$='ml']").css("background", "#9cf");
```

`$("a[title$='ml']")` : parmi les liens `<a>`, retenons ceux dont l'attribut `title` se termine par les lettres "ml".

6 L'attribut dont la valeur contient

[attribut*=value]

Sélectionne les éléments qui possèdent l'attribut spécifié et dont la valeur comporte les caractères indiqués.

`$("input[name*='slet']")` : sélectionne les éléments de formulaire `<input>` avec l'attribut `name` et dont la valeur de celui-ci comporte les caractères "slet".

La séquence (ou l'ordre) des lettres est respectée.

<u>*Exemple*</u>

Toujours en reprenant l'exemple précédent, retenons les liens dont l'attribut `title` *comporte les lettres "tm".*

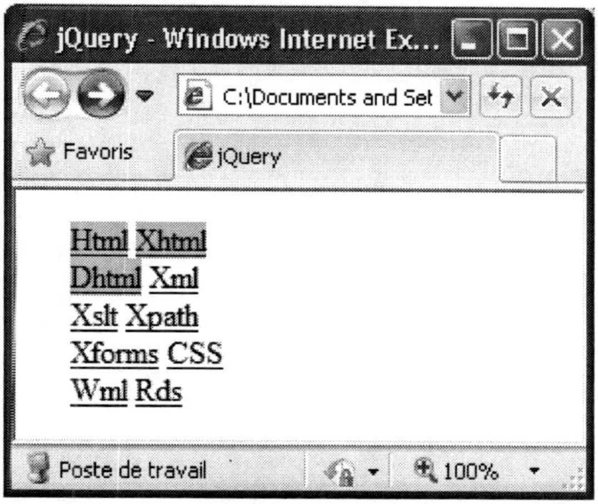


```
<!DOCTYPE html PUBLIC "-//W3C//DTD XHTML 1.0 Transitional//EN"
"http://www.w3.org/TR/xhtml1/DTD/xhtml1-transitional.dtd">
<html xmlns="http://www.w3.org/1999/xhtml" xml:lang="fr"
lang="fr">
<head>
<meta http-equiv="Content-Type" content="text/html; charset=iso-
8859-1" />
<title>jQuery</title>
<script type="text/javascript" src="jquery.js"></script>
<script type="text/javascript">
$(document).ready(function(){
$("a[title*='tm']").css("background", "#9cf");
});
</script>
<style type="text/css">
a { color: black;}
p { margin-left: 20px;}
</style>
</head>
```

```
<body>
<p>
<a href="#" title="Html">Html</a> <a href="#"
title="Xhtml">Xhtml</a><br />
<a href="#" title="Dhtml">Dhtml</a> <a href="#"
title="Xml">Xml</a><br />
<a href="#" title="Xslt">Xslt</a> <a href="#"
title="Xpath">Xpath</a><br />
<a href="#" title="Xforms">Xforms</a> <a href="#"
title="CSS">CSS</a><br />
<a href="#" title="Wml">Wml</a> <a href="#"
title="Rds">Rds</a></p>
</body>
</html>
```

```
$("a[title*='tm']").css("background", "#9cf");
```

`$("a[title*='tm']")` : parmi les liens `<a>`, retenons ceux dont l'attribut `title` comporte les lettres "tm".

7 Les filtres multiples d'attribut

[filtre d'attribut 1][filtre d'attribut 2][filtre d'attribut 3]...

Sélectionne les éléments qui répondent à tous les filtres d'attribut spécifiés.

`$("input[id][name$='man']")` : sélectionne les balises `<input>` qui possèdent un identifiant `id` et dont l'attribut `name` se termine par "man".

Exemple

Retenons les liens dont l'attribut `title` *commence par "lien", se termine par "interne" et comporte "chapitre 1".*

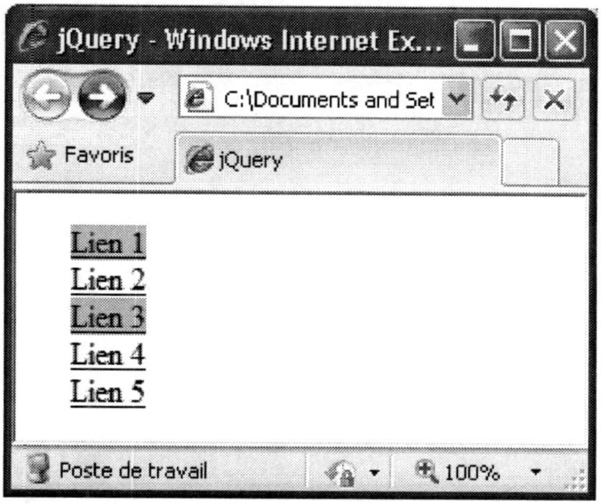


```
<!DOCTYPE html PUBLIC "-//W3C//DTD XHTML 1.0 Transitional//EN"
"http://www.w3.org/TR/xhtml1/DTD/xhtml1-transitional.dtd">
<html xmlns="http://www.w3.org/1999/xhtml" xml:lang="fr"
lang="fr">
<head>
<meta http-equiv="Content-Type" content="text/html; charset=iso-
8859-1" />
<title>jQuery</title>
<script type="text/javascript" src="jquery.js"></script>
<script type="text/javascript">
$(document).ready(function(){
$("a[title^='lien'][title$='interne'][title*='chapitre1']")
.css("background", "#9cf");
});
</script>
<style type="text/css">
a { color: black;}
p { margin-left: 20px;}
</style>
</head>
<body>
<p>
<a href="#" title="lien chapitre1 interne">Lien 1</a><br />
<a href="#" title="lien chapitre2 interne">Lien 2</a><br />
<a href="#" title="lien chapitre1 interne">Lien 3</a><br />
<a href="#" title="lien chapitre3 interne">Lien 4</a><br />
```

```
<a href="#" title="lien externe">Lien 5</a><br />
</p>
</body>
</html>
```

```
$("a[title^='lien'][title$='interne'][title*='chapitre1']")
```

Parmi les liens `<a>`, retenons ceux dont l'attribut `title` commence par "lien", se termine par "interne" et comporte "chapitre1".

I Les sélecteurs et filtres de formulaires

Les formulaires en jQuery méritent une place à part dans notre étude du jQuery. Ainsi les sélecteurs et filtres relatifs aux formulaires seront abordés au chapitre Les formulaires.

J Les sélecteurs et les caractères spéciaux

Les symboles repris dans la syntaxe de jQuery constituent un problème lorsqu'ils sont utilisés dans la partie littérale du code.

Il faut alors indiquer que ces caractères ne sont pas des symboles jQuery. Pour ce faire, on fera précéder les caractères spéciaux de deux barres obliques inverses \\ (*backslashes*)

Par exemple :

```
#foo\\:bar
#foo\\[bar\\]
#foo\\.bar
```

La liste complète des caractères spéciaux qui appartiennent à la syntaxe de jQuery sont : `# ; & , . + * ~ ' : " ! ^ $ [ ] ( ) = > | /`

Il est plus raisonnable de les éviter purement et simplement.

Chapitre 3
Manipuler les attributs

A Introduction

Les nombreux sélecteurs de jQuery mis en place, nous entamons avec ce chapitre, l'aspect dynamique du JavaScript et de jQuery qui est de modifier les éléments.

B Ajouter ou supprimer une classe

addClass(classe)

Ajoute la classe spécifiée à tous les éléments sélectionnés.

`$("p:last").addClass("selected")` : ajoute la classe `selected` au dernier paragraphe.

Cette méthode retourne un objet jQuery.

Commentaires

Il faut noter que cette méthode ne remplace pas une classe. Elle ajoute simplement une classe.

Il est possible d'ajouter plus d'une classe à la fois. Elles sont notées les unes à la suite des autres, séparées par un espace, soit `addClass(classe1 classe2 classe3)`.

Cette méthode `addClass()` est souvent associée à la méthode `remove-Class()` pour créer un effet de commutation.

removeClass(classe)

Supprime la classe spécifiée à tous les éléments sélectionnés.

`$("p:last").removelass("selected")` : supprime la classe `selected` au dernier paragraphe.

Cette méthode retourne un objet jQuery.

<u>*Exemple*</u>

Au survol d'un paragraphe par le curseur, mettons celui-ci en évidence en le dotant d'un arrière-plan de couleur et d'une bordure. Cet effet se réalise en ajoutant une classe au passage de la souris.

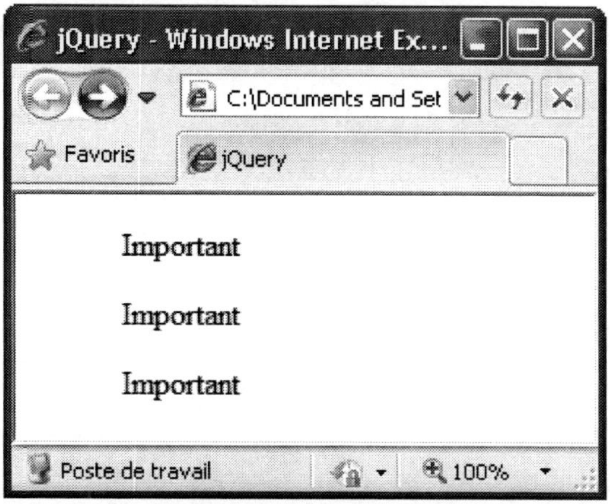

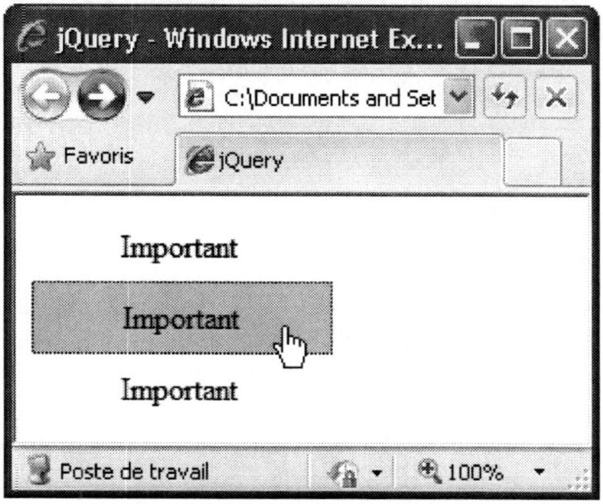

Le document initial se présente comme suit :

```
<!DOCTYPE html PUBLIC "-//W3C//DTD XHTML 1.0 Transitional//EN"
"http://www.w3.org/TR/xhtml1/DTD/xhtml1-transitional.dtd">
<html xmlns="http://www.w3.org/1999/xhtml" xml:lang="fr"
```

```
lang="fr">
<head>
<meta http-equiv="Content-Type" content="text/html; charset=iso-
8859-1" />
<title>jQuery</title>
<style type="text/css">
div { width: 150px;
      height: 35px;
      line-height: 35px;
      vertical-align: middle;
      text-align: center;
      cursor: pointer;}
.arriereplan { background-color: #9cf;
               border: 1px solid black;}
</style>
</head>
<body>
<div>Important</div>
<div>Important</div>
<div>Important</div>
</body>
</html>
```

Passons au script jQuery.

```
<script type="text/javascript">
$(document).ready(function(){
$("div").mouseover(function(){
$(this).addClass("arriereplan");
});
$("div").mouseout(function(){
$(this).removeClass("arriereplan");
});
});
</script>
```

Détaillons celui-ci.

```
$(document).ready(function(){
```

Au chargement du DOM.

```
$("div").mouseover(function(){
$(this).addClass("arriereplan");
});
```

Au survol d'une division `<div>` par la souris (`mouseover`), le script ajoute (`addClass()`) à la division survolée (`this`), la classe `arriereplan`.

```
$("div").mouseout(function(){
$(this).removeClass("arriereplan");
});
```

Lorsque le curseur quitte la division (`mouseout`), jQuery retire (`removeClass()`) à la division survolée (`this`), la classe `arriereplan`.

```
});
```

Fin de script.

Le fichier Xhtml complet devient :

```
<!DOCTYPE html PUBLIC "-//W3C//DTD XHTML 1.0 Transitional//EN"
"http://www.w3.org/TR/xhtml1/DTD/xhtml1-transitional.dtd">
<html xmlns="http://www.w3.org/1999/xhtml" xml:lang="fr"
lang="fr">
<head>
<meta http-equiv="Content-Type" content="text/html; charset=iso-
8859-1" />
<title>jQuery</title>
<script type="text/javascript" src="jquery.js"></script>
<script type="text/javascript">
$(document).ready(function(){
$("div").mouseover(function(){
$(this).addClass("arriereplan");
});
$("div").mouseout(function(){
$(this).removeClass("arriereplan");
});
});
</script>
<style type="text/css">
div { width: 150px;
      height: 35px;
      line-height: 35px;
      vertical-align: middle;
      text-align: center;
      cursor: pointer;}
.arriereplan { background-color: #9cf;
               border: 1px solid black;}
</style>
</head>
<body>
<div>Important</div>
```

```
<div>Important</div>
<div>Important</div>
</body>
</html>
```

C
Vérifier la présence d'une classe

hasClass(classe)

Vérifie si la classe spécifiée en argument est présente pour les éléments ciblés. Retourne *true* si la classe spécifiée est présente pour au moins un des éléments ciblés, *false* dans le cas contraire.

`$("#p1").hasClass("box")` : vérifie si l'élément identifié par `p1` possède la classe `box`.

La méthode renvoie un booléen (true ou false).

Exemple

Soit une série de paragraphes.

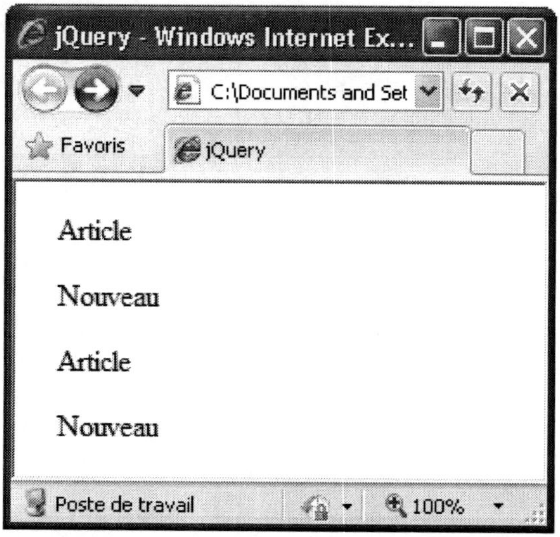

Au départ,

```
<!DOCTYPE html PUBLIC "-//W3C//DTD XHTML 1.0 Transitional//EN"
"http://www.w3.org/TR/xhtml1/DTD/xhtml1-transitional.dtd">
<html xmlns="http://www.w3.org/1999/xhtml" xml:lang="fr"
lang="fr">
<head>
<meta http-equiv="Content-Type" content="text/html; charset=iso-
8859-1" />
<title>jQuery</title>
<style type="text/css">
p { width: 150px;
    padding-left: 15px;
    cursor: pointer;}
.arriereplan { height: 30px;
               line-height: 30px;
               vertical-align: middle;
               background-color: #9cf;
               border: 1px dashed black;}
</style>
</head>
<body>
<p>Article</p>
<p class="new">Nouveau</p>
<p>Article</p>
<p class="new">Nouveau</p>
</body>
</html>
```

Au survol de la souris, le script jQuery ne doit doter d'un arrière-plan de couleur et d'une bordure uniquement les paragraphes avec la classe `new`.

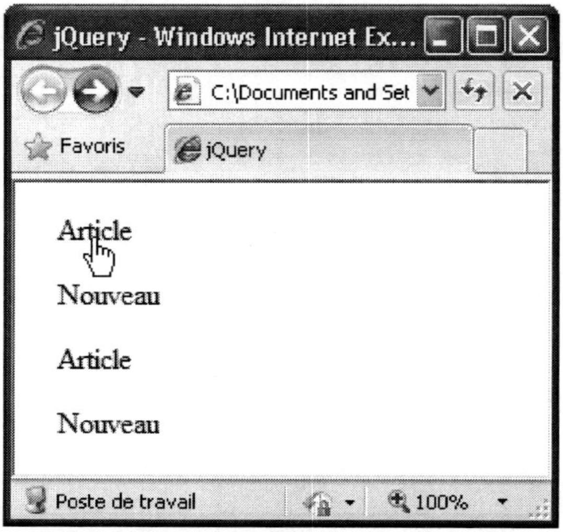

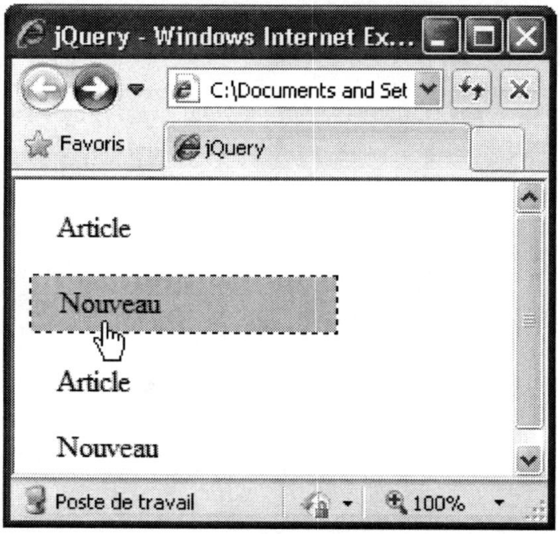

Le script jQuery :

```
<script type="text/javascript">
$(document).ready(function(){
$("p").mouseover(function(){
if ($(this).hasClass("new") ) {
$(this).addClass("arriereplan")
};
});
```

```
});
</script>
```

Explications du script :

```
$(document).ready(function(){
$("p").mouseover(function(){
```

Au chargement du DOM et au survol des paragraphes par le curseur.

```
if ($(this).hasClass("new") ) {
$(this).addClass("arriereplan")
};
```

Le script vérifie si (`if`) l'élément (`this`) survolé possède la classe `new` (`hasClass("new")`). Dans l'affirmative, la classe `arriereplan` est ajoutée (`addClass()`) à celui-ci. Remarquons que rien n'empêche de mélanger JavaScript classique et JavaScript jQuery.

```
});
});
```

Fin de script

Au final, voici le fichier Xhtml :

```
<!DOCTYPE html PUBLIC "-//W3C//DTD XHTML 1.0 Transitional//EN"
"http://www.w3.org/TR/xhtml1/DTD/xhtml1-transitional.dtd">
<html xmlns="http://www.w3.org/1999/xhtml" xml:lang="fr"
lang="fr">
<head>
<meta http-equiv="Content-Type" content="text/html; charset=iso-
8859-1" />
<title>jQuery</title>
<script type="text/javascript" src="jquery.js"></script>
<script type="text/javascript">
$(document).ready(function(){
$("p").mouseover(function(){
if ($(this).hasClass("new") ) {
$(this).addClass("arriereplan")
};
});
});
</script>
<style type="text/css">
p { width: 150px;
    padding-left: 15px;
```

```
    cursor: pointer;}
.arriereplan { height: 30px;
               line-height: 30px;
               vertical-align: middle;
               background-color: #9cf;
               border: 1px dashed black;}
</style>
</head>
<body>
<p>Article</p>
<p class="new">Nouveau</p>
<p>Article</p>
<p class="new">Nouveau</p>
</body>
</html>
```

D

Basculer entre deux classes

La librairie jQuery propose plusieurs méthodes qui permettent de déclencher tantôt une action, tantôt une autre. Cet effet de permutation est repris sous le terme de *toggle*. Nous le rencontrerons plusieurs fois dans notre exploration de jQuery.

Outre des effets spectaculaires, ces méthodes entraînent une économie appréciable de lignes de code.

toggleClass(classe)

Ajoute la classe spécifiée si elle n'est pas présente, retire la classe spécifiée si elle est présente.

`$(p).toggleClass("classe1")` : applique la classe `classe1` aux paragraphes si elle n'est pas présente. Si elle l'est, enlève la classe `classe1`.

Cette méthode retourne un objet jQuery.

Exemple

Au clic du lien, faire apparaître ou disparaître une division de la page.

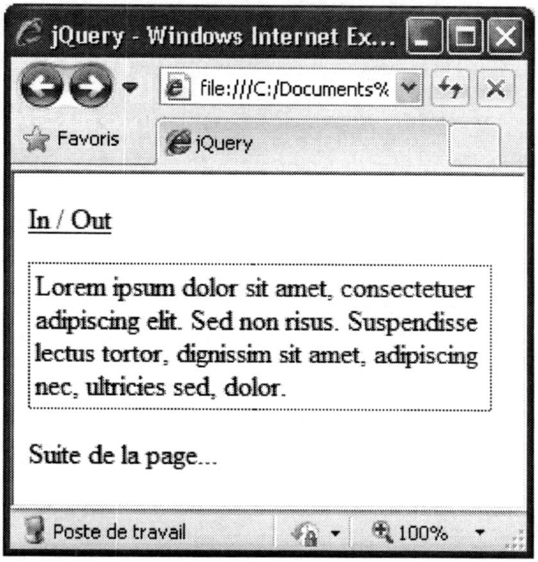

Au départ :

```
<!DOCTYPE html PUBLIC "-//W3C//DTD XHTML 1.0 Transitional//EN"
"http://www.w3.org/TR/xhtml1/DTD/xhtml1-transitional.dtd">
<html xmlns="http://www.w3.org/1999/xhtml" xml:lang="fr"
lang="fr">
<head>
<meta http-equiv="Content-Type" content="text/html; charset=iso-
8859-1" />
<title>jQuery</title>
<style type="text/css">
a{color: black}
div { width: 255px;
      padding: 3px;
      border: 1px dotted black;
      cursor: pointer;}
.cacher { display: none;}
</style>
</head>
<body>
<p><a href="#">In / Out</a></p>
<div>Lorem ipsum dolor sit amet, consectetuer adipiscing elit. Sed
non risus. Suspendisse lectus tortor, dignissim sit amet,
```

```
adipiscing nec, ultricies sed, dolor.</div>
<p>Suite de la page...</p>
</body>
</html>
```

Le script jQuery :

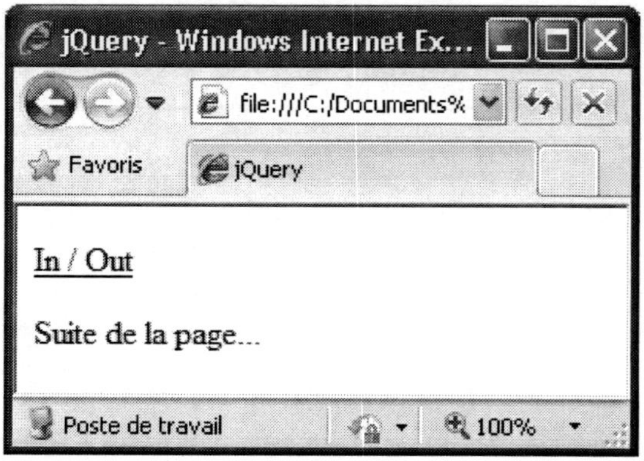


```
<script type="text/javascript">
$(document).ready(function(){
$("a").click(function(){
$("div").toggleClass("cacher");
});
});
</script>
```

Explorons le script pas à pas.

```
$(document).ready(function(){
```

Au chargement de la page, du DOM pour être précis.

```
$("a").click(function(){
```

Au clic de la souris sur le lien `<a>`.

```
$("div").toggleClass("cacher");
```

Permuter (`toggleClass()`) la classe `cacher` sur la division `<div>`.

```
});
});
```

Fin de script.

Au final :

```
<!DOCTYPE html PUBLIC "-//W3C//DTD XHTML 1.0 Transitional//EN"
"http://www.w3.org/TR/xhtml1/DTD/xhtml1-transitional.dtd">
<html xmlns="http://www.w3.org/1999/xhtml" xml:lang="fr"
lang="fr">
<head>
<meta http-equiv="Content-Type" content="text/html; charset=iso-
8859-1" />
<title>jQuery</title>
<script type="text/javascript" src="jquery.js"></script>
<script type="text/javascript">
$(document).ready(function(){
$("a").click(function(){
$("div").toggleClass("cacher");
});
});
</script>
<style type="text/css">
a{color: black}
div { width: 255px;
      padding: 3px;
      border: 1px dotted black;
      cursor: pointer;}
.cacher { display: none;}
</style>
</head>
<body>
<p><a href="#">In / Out</a></p>
<div>Lorem ipsum dolor sit amet, consectetuer adipiscing elit. Sed
non risus. Suspendisse lectus tortor, dignissim sit amet,
adipiscing nec, ultricies sed, dolor.</div>
<p>Suite de la page...</p>
</body>
</html>
```

Il y a bien d'autres façons de réaliser cet effet en jQuery, par exemple, avec les méthodes `show()` et `hide()`.

E Connaître la valeur d'un attribut

Cette méthode jQuery correspond à `getAttribute()` du JavaScript classique.

attr(nom de l'attribut)

Accède à la valeur de l'attribut mentionné.

Cette méthode est assez utile pour retrouver la valeur d'un attribut de l'élément sélectionné ou du premier élément sélectionné s'il y en a plusieurs. Si l'élément n'a pas d'attribut répondant à ce nom, la valeur `undefined` est retournée.

`$("a").attr("title")` : récupère la valeur de l'attribut `title` du premier lien rencontré.

Cette méthode retourne un objet jQuery.

Exemple

Au clic sur le bouton, recherchons le style attaché à la balise `<span>JavaScript</span>`. Le résultat sera affiché dans une division prévue à cet effet.

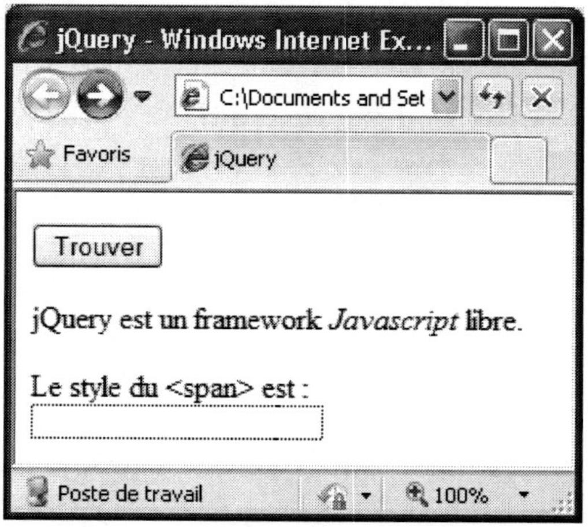

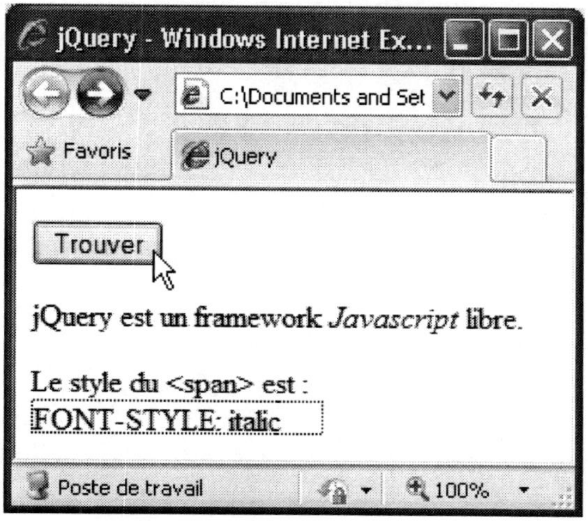

Le fichier de départ :

```
<!DOCTYPE html PUBLIC "-//W3C//DTD XHTML 1.0 Transitional//EN"
"http://www.w3.org/TR/xhtml1/DTD/xhtml1-transitional.dtd">
<html xmlns="http://www.w3.org/1999/xhtml" xml:lang="fr"
lang="fr">
<head>
<meta http-equiv="Content-Type" content="text/html; charset=iso-
8859-1" />
<title>jQuery</title>
<style type="text/css">
div { width: 150px;
      height: 16px;
      border: 1px dotted black;}
</style>
</head>
<body>
<p><button>Trouver</button></p>
<p>
jQuery est un framework <span style="font-
style:italic">JavaScript</span> libre.
</p>
Le style du &lt;span&gt; est :<div></div>
</body>
</html>
```

Le script jQuery se présente ainsi :

```
<script type="text/javascript">
$(document).ready(function(){
$("button").click(function(){
var css = $("span").attr("style");
$("div").text(css);
});
});
</script>
```

Détaillons celui-ci.

```
$(document).ready(function(){
$("button").click(function(){
```

Au chargement du DOM et au clic du bouton.

```
var css = $("span").attr("style");
```

Le script charge dans la variable `css`, la valeur de l'attribut `style="..."` attaché à la balise `<span>`.

```
$("div").text(css);
```

Cette variable est affichée comme du texte (`text(css)`) dans la division `<div>` prévue à cet effet.

```
});
});
```

Fin de script.

Le document final devient :

```
<!DOCTYPE html PUBLIC "-//W3C//DTD XHTML 1.0 Transitional//EN"
"http://www.w3.org/TR/xhtml1/DTD/xhtml1-transitional.dtd">
<html xmlns="http://www.w3.org/1999/xhtml" xml:lang="fr"
lang="fr">
<head>
<meta http-equiv="Content-Type" content="text/html; charset=iso-
8859-1" />
<title>jQuery</title>
<script type="text/javascript" src="jquery.js"></script>
<script type="text/javascript">
$(document).ready(function(){
$("button").click(function(){
var css = $("span").attr("style");
```

```
$("div").text(css);
});
});
</script>
<style type="text/css">
div { width: 150px;
      height: 16px;
      border: 1px dotted black;}
</style>
</head>
<body>
<p><button>Trouver</button></p>
<p>
jQuery est un framework <span style="font-
style:italic">JavaScript</span> libre.
</p>
Le style du &lt;span&gt; est :<div></div>
</body>
</html>
```

F Ajouter un attribut et sa valeur

attr(attribut, valeur)

Assigne une paire attribut/valeur à tous les éléments concernés.

`$("#photo").attr("alt","Parc éoliennes")` : assigne à l'élément identifié par `#photo`, l'attribut `alt="Parc éoliennes"`.

Cette méthode retourne un objet jQuery.

Exemple

Au clic sur le bouton, un tableau de données sera affiché avec une largeur plus grande pour le rendre ainsi plus lisible.

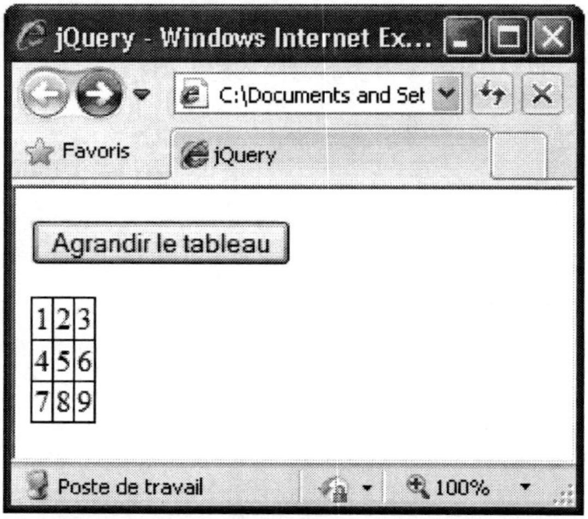

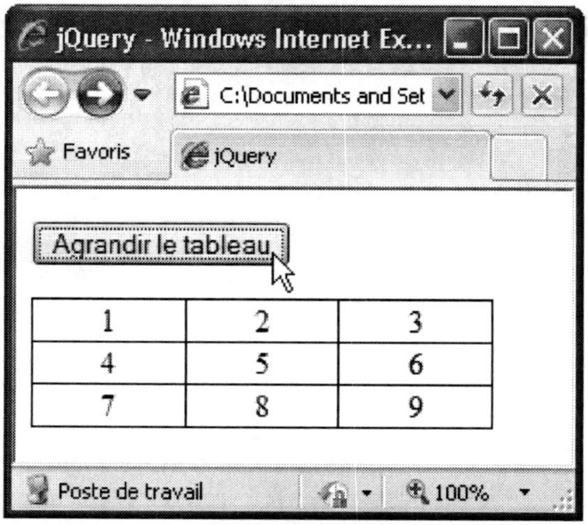

Le fichier de départ :

```
<!DOCTYPE html PUBLIC "-//W3C//DTD XHTML 1.0 Transitional//EN"
"http://www.w3.org/TR/xhtml1/DTD/xhtml1-transitional.dtd">
<html xmlns="http://www.w3.org/1999/xhtml" xml:lang="fr"
lang="fr">
<head>
<meta http-equiv="Content-Type" content="text/html; charset=iso-
8859-1" />
<title>jQuery</title>
<style type="text/css">
table {  border-collapse: collapse;
         border: 1px solid black;}
td {  text-align: center;
     border: 1px solid black;}
</style>
</head>
<body>
<p><button>Agrandir le tableau</button></p>
<table>
<tr>
<td>1</td><td>2</td><td>3</td>
</tr>
<tr>
<td>4</td><td>5</td><td>6</td>
</tr>
<tr>
<td>7</td><td>8</td><td>9</td>
</tr>
</table>
</body>
</html>
```

Le script jQuery s'écrit :

```
<script type="text/javascript">
$(document).ready(function(){
$("button").click(function(){
$("table").attr("width","240px");
});
});
</script>
```

Soit, en détail :

```
$(document).ready(function(){
$("button").click(function(){
```

Au chargement du DOM et au clic sur le bouton.

```
$("table").attr("width","240px");
```

L'attribut `width` avec une valeur de `240 px` est ajouté à la balise de tableau `<table>`.

```
});
});
```

Fin du script

Un effet spectaculaire pour un minimum de code !

Le fichier complet :

```
<!DOCTYPE html PUBLIC "-//W3C//DTD XHTML 1.0 Transitional//EN"
"http://www.w3.org/TR/xhtml1/DTD/xhtml1-transitional.dtd">
<html xmlns="http://www.w3.org/1999/xhtml" xml:lang="fr"
lang="fr">
<head>
<meta http-equiv="Content-Type" content="text/html; charset=iso-
8859-1" />
<title>jQuery</title>
<script type="text/javascript" src="jquery.js"></script>
<script type="text/javascript">
$(document).ready(function(){
$("button").click(function(){
$("table").attr("width","240px");
});
});
</script>
<style type="text/css">
table {  border-collapse: collapse;
         border: 1px solid black;}
td { text-align: center;
     border: 1px solid black;}
</style>
</head>
<body>
<p><button>Agrandir le tableau</button></p>
<table>
<tr>
<td>1</td><td>2</td><td>3</td>
</tr>
<tr>
<td>4</td><td>5</td><td>6</td>
</tr>
```

```
<tr>
<td>7</td><td>8</td><td>9</td>
</tr>
</table>
</body>
</html>
```

G ■ Ajouter plusieurs attributs et leurs valeurs

attr({propriétés})

Permet d'assigner un ensemble de paires attribut/valeur aux éléments sélectionnés.

Les différentes propriétés sont séparées par une virgule.

`$("img").attr({ src: "hat.gif", alt: "Logo jQuery!" })` : assigne les attributs `src` et `alt` aux images.

Cette méthode retourne un objet jQuery.

Exemple

Passons d'une image à une autre par un simple clic sur un lien.

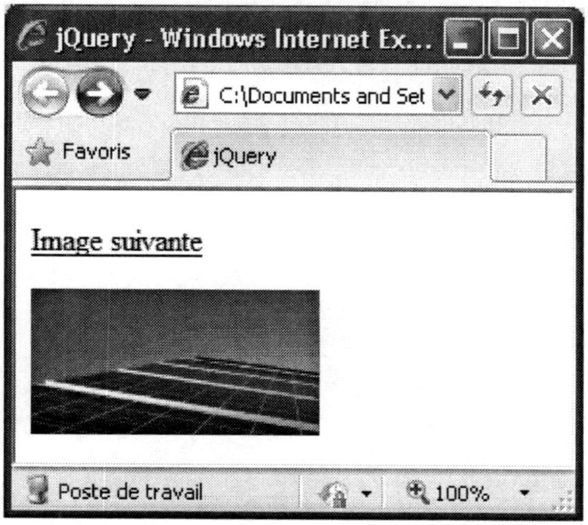

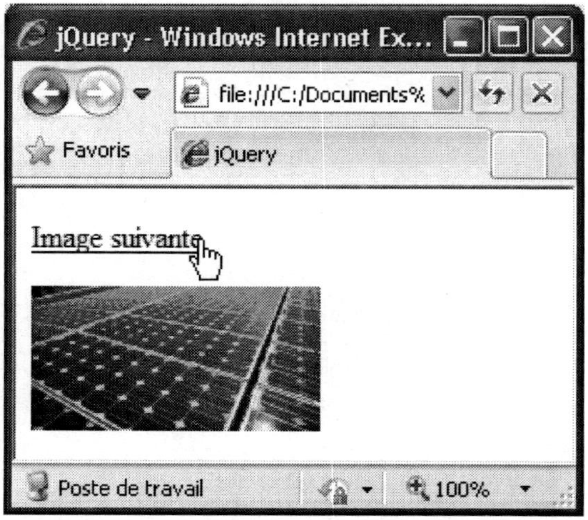

Les images de l'exemple sont disponibles dans l'espace de téléchargement réservé à cet ouvrage.

```
<!DOCTYPE html PUBLIC "-//W3C//DTD XHTML 1.0 Transitional//EN"
"http://www.w3.org/TR/xhtml1/DTD/xhtml1-transitional.dtd">
<html xmlns="http://www.w3.org/1999/xhtml" xml:lang="fr"
lang="fr">
<head>
<meta http-equiv="Content-Type" content="text/html; charset=iso-
8859-1" />
<title>jQuery</title>
<style type="text/css">
a { color: black;}
</style>
</head>
<body>
<p><a href="#">Image suivante</a></p>
<div>
<img src="pansolaire1.png" alt="Panneau solaire 1"/>
</div>
</body>
</html>
```

Le script jQuery se présente comme suit.

```
<script type="text/javascript">
$(document).ready(function(){
$("a").click(function(){
$("img").attr({ src: "pansolaire2.png",
```

```
                alt: "Panneau solaire 2",
                title: "Ecologie"
});
});
});
</script>
```

Étudions-le pas à pas.

```
$(document).ready(function(){
$("a").click(function(){
```

Au chargement de jQuery (du DOM) et au clic du lien.

```
$("img").attr({ src: "pansolaire2.png",
                alt: "Panneau solaire 2",
                title: "Ecologie"
});
```

Le script ajoute d'abord à la balise `<img>`, l'attribut `src`. Ce qui permet de charger la nouvelle image. Accessoirement, les attributs `alt` et `title` sont également ajoutés.

```
});
});
```

Fin de script.

Le fichier complet devient :

```
<!DOCTYPE html PUBLIC "-//W3C//DTD XHTML 1.0 Transitional//EN"
"http://www.w3.org/TR/xhtml1/DTD/xhtml1-transitional.dtd">
<html xmlns="http://www.w3.org/1999/xhtml" xml:lang="fr"
lang="fr">
<head>
<meta http-equiv="Content-Type" content="text/html; charset=iso-
8859-1" />
<title>jQuery</title>
<script type="text/javascript" src="jquery.js"></script>
<script type="text/javascript">
$(document).ready(function(){
$("a").click(function(){
$("img").attr({ src: "pansolaire2.png",
                alt: "Panneau solaire 2",
                title: "Ecologie"
});
});
});
```

```
</script>
<style type="text/css">
a { color: black;}
</style>
</head>
<body>
<p><a href="#">Image suivante</a></p>
<div>
<img src="pansolaire1.png" alt="Panneau solaire 1"/>
</div>
</body>
</html>
```

H ■ Supprimer un attribut

removeAttr(nom de l'attribut)

Supprime un attribut des éléments concernés.

`$("#div1").removeAttr("disabled")` : supprime l'attribut `disabled` de l'élément identifié par `div1`.

Cette méthode retourne un objet jQuery.

<u>*Exemple*</u>

Supprimons l'attribut de style de la division afin de rendre la lecture plus aisée.

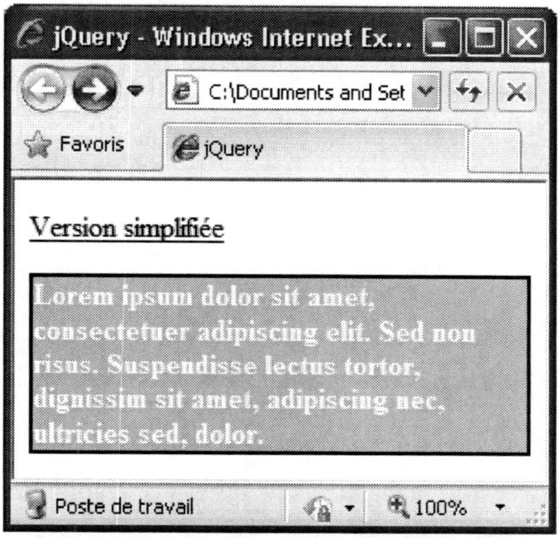

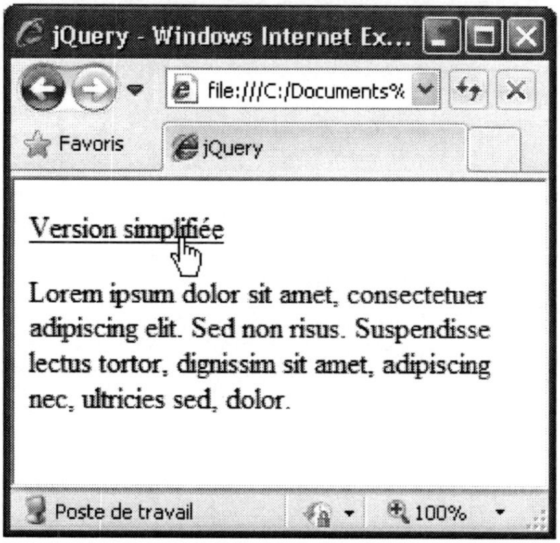

Le document Xhtml initial :

```
<!DOCTYPE html PUBLIC "-//W3C//DTD XHTML 1.0 Transitional//EN"
"http://www.w3.org/TR/xhtml1/DTD/xhtml1-transitional.dtd">
<html xmlns="http://www.w3.org/1999/xhtml" xml:lang="fr"
lang="fr">
<head>
<meta http-equiv="Content-Type" content="text/html; charset=iso-
8859-1" />
```

```
<title>jQuery</title>
<style type="text/css">
a { color: black}
</style>
</head>
<body>
<p><a href="#">Version simplifiée</a></p>
<div style="background-color: #9cf; border: 2px solid black;
color: white; font-weight: bold;">Lorem ipsum dolor sit amet,
consectetuer adipiscing elit. Sed non risus. Suspendisse lectus
tortor, dignissim sit amet, adipiscing nec, ultricies sed,
dolor.</div>
</body>
</html>
```

Le script jQuery :

```
<script type="text/javascript">
$(document).ready(function(){
$("a").click(function(){
$("div").removeAttr("style");
});
});
</script>
```

```
$(document).ready(function(){
$("a").click(function(){
```

Lorsque le DOM est chargé et le lien cliqué.

```
$("div").removeAttr("style");
```

Le script enlève l'attribut de style en ligne de la division.

```
});
});
```

Fin de script.

Le fichier Xhtml final se présente alors :

```
<!DOCTYPE html PUBLIC "-//W3C//DTD XHTML 1.0 Transitional//EN"
"http://www.w3.org/TR/xhtml1/DTD/xhtml1-transitional.dtd">
<html xmlns="http://www.w3.org/1999/xhtml" xml:lang="fr"
lang="fr">
<head>
<meta http-equiv="Content-Type" content="text/html; charset=iso-
8859-1" />
```

```
<title>jQuery</title>
<script type="text/javascript" src="jquery.js"></script>
<script type="text/javascript">
$(document).ready(function(){
$("a").click(function(){
$("div").removeAttr("style");
});
});
</script>
<style type="text/css">
a { color: black}
</style>
</head>
<body>
<p><a href="#">Version simplifiée</a></p>
<div style="background-color: #9cf; border: 2px solid black;
color: white; font-weight: bold;">Lorem ipsum dolor sit amet,
consectetuer adipiscing elit. Sed non risus. Suspendisse lectus
tortor, dignissim sit amet, adipiscing nec, ultricies sed,
dolor.</div>
</body>
</html>
```

Connaître l'attribut value

Ce point a trait aux formulaires et leur attribut `value`.

val()

Récupère sous forme de chaîne de caractères, le contenu de l'attribut `value` du premier élément de la sélection.

`$("input").val()` : récupère le contenu de l'attribut `value` du premier champ de formulaire de type `<input>`.

Cette méthode retourne une chaîne de caractères.

<u>*Exemple*</u>

Récupérons la valeur du bouton radio coché.

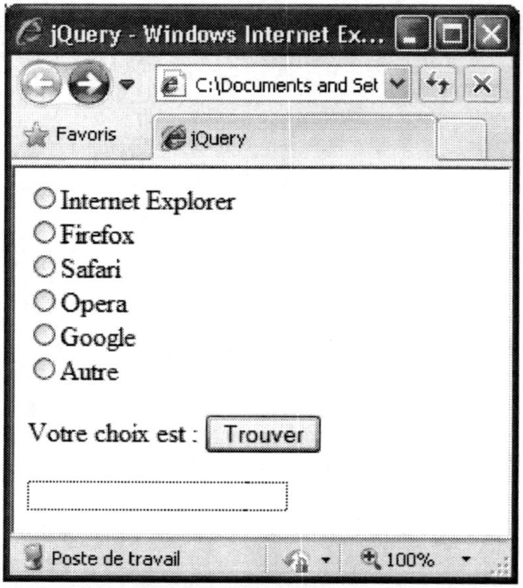

Au départ :

```
<!DOCTYPE html PUBLIC "-//W3C//DTD XHTML 1.0 Transitional//EN"
"http://www.w3.org/TR/xhtml1/DTD/xhtml1-transitional.dtd">
<html xmlns="http://www.w3.org/1999/xhtml" xml:lang="fr"
lang="fr">
<head>
<meta http-equiv="Content-Type" content="text/html; charset=iso-
8859-1" />
<title>jQuery</title>
<style type="text/css">
div { width: 150px;
      height: 16px;
      border: 1px dotted black;}
</style>
</head>
<body>
<form action="">
<input type="radio" name="1" value="Internet Explorer" />Internet
Explorer<br />
<input type="radio" name="1" value="Firefox" />Firefox<br />
<input type="radio" name="1" value="Safari" />Safari<br />
<input type="radio" name="1" value="Opera" />Opera<br />
<input type="radio" name="1" value="Google" />Google<br />
<input type="radio" name="1" value="Autre" />Autre
</form>
<p>Votre choix est :
<button>Trouver</button></p>
<div></div>
</body>
</html>
```

Le script jQuery.

```
<script type="text/javascript">
$(document).ready(function(){
$("button").click(function(){
var choix = $('input:radio:checked').val();
$("div").text(choix);
});
});
</script>
```

Explications :

```
$(document).ready(function(){
$("button").click(function(){
```

Au chargement du DOM et au clic sur le bouton.

```
var choix = $('input:radio:checked').val();
```

Le contenu du bouton radio sélectionné (`'input:radio:checked'`) est stocké dans la variable `choix`.

```
$("div").text(choix);
```

Le contenu de la variable `choix` est affiché (`text(choix)`) dans la division.

```
});
});
```

Fin de script.

Au final :

```
<!DOCTYPE html PUBLIC "-//W3C//DTD XHTML 1.0 Transitional//EN"
"http://www.w3.org/TR/xhtml1/DTD/xhtml1-transitional.dtd">
<html xmlns="http://www.w3.org/1999/xhtml" xml:lang="fr"
lang="fr">
<head>
<meta http-equiv="Content-Type" content="text/html; charset=iso-
8859-1" />
<title>jQuery</title>
<script type="text/javascript" src="jquery.js"></script>
<script type="text/javascript">
$(document).ready(function(){
$("button").click(function(){
var choix = $('input:radio:checked').val();
$("div").text(choix);
});
});
</script>
<style type="text/css">
div { width: 150px;
      height: 16px;
      border: 1px dotted black;}
</style>
</head>
<body>
<form action="">
<input type="radio" name="1" value="Internet Explorer" />Internet
Explorer<br />
<input type="radio" name="1" value="Firefox" />Firefox<br />
<input type="radio" name="1" value="Safari" />Safari<br />
<input type="radio" name="1" value="Opera" />Opera<br />
<input type="radio" name="1" value="Google" />Google<br />
```

```
<input type="radio" name="1" value="Autre" />Autre
</form>
<p>Votre choix est :
<button>Trouver</button></p>
<div></div>
</body>
</html>
```

Modifier l'attribut value

Variante de `val()` étudié au point précédent. Ici, jQuery permet de modifier l'attribut `value`.

val(valeur)

Assigne une nouvelle valeur à l'attribut `value` de l'élément sélectionné.

`$("#input").val("Test")` : ajoute la valeur `Test` à une ligne de texte.

Cette méthode retourne un objet jQuery.

Exemple

Après une première soumission du formulaire, le texte du bouton d'envoi est modifié.

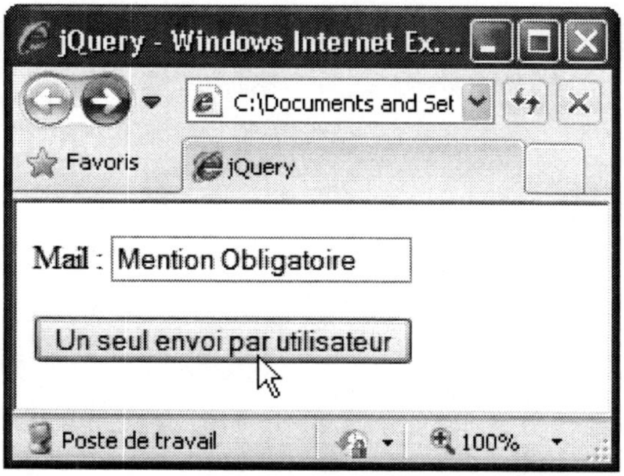

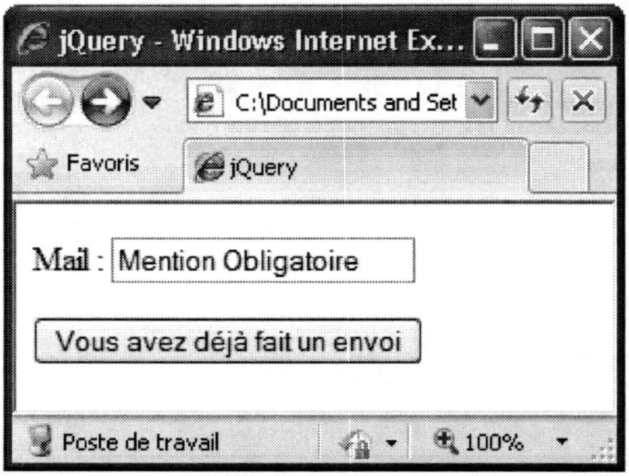

Le fichier initial :

```
<!DOCTYPE html PUBLIC "-//W3C//DTD XHTML 1.0 Transitional//EN"
"http://www.w3.org/TR/xhtml1/DTD/xhtml1-transitional.dtd">
<html xmlns="http://www.w3.org/1999/xhtml" xml:lang="fr"
lang="fr">
<head>
<meta http-equiv="Content-Type" content="text/html; charset=iso-
8859-1" />
<title>jQuery</title>
<style type="text/css">
a { color: black;}
</style>
</head>
<body>
<form action="">
<p>Mail : <input type="text" id="input1" value="Mention
Obligatoire" /></p>
<p><input type="submit" id="soumettre" value="Un seul envoi par
utilisateur" /></p>
</form>
</body>
</html>
```

Passons au script jQuery.

```
<script type="text/javascript">
$(document).ready(function(){
$("#soumettre").click(function(){
$("#soumettre").val("Vous avez déjà fait un envoi");
return false;
});
```

```
});
</script>
```

Détaillons celui-ci.

```
$(document).ready(function(){
$("#soumettre").click(function(){
```

Au chargement du DOM et au clic sur le bouton de soumission.

```
$("#soumettre").val("Vous avez déjà fait un envoi");
return false;
```

Une nouvelle valeur (`"Vous avez déjà fait un envoi"`) est transmise au bouton d'envoi. Il faut noter que la mention précédente est ainsi remplacée.

```
});
});
```

Fin du script.

Au final :

```
<!DOCTYPE html PUBLIC "-//W3C//DTD XHTML 1.0 Transitional//EN"
"http://www.w3.org/TR/xhtml1/DTD/xhtml1-transitional.dtd">
<html xmlns="http://www.w3.org/1999/xhtml" xml:lang="fr"
lang="fr">
<head>
<meta http-equiv="Content-Type" content="text/html; charset=iso-
8859-1" />
<title>jQuery</title>
<script type="text/javascript" src="jquery.js"></script>
<script type="text/javascript">
$(document).ready(function(){
$("#soumettre").click(function(){
$("#soumettre").val("Vous avez déjà fait un envoi");
});
});
</script>
<style type="text/css">
a { color: black;}
</style>
</head>
<body>
<form action="">
<p>Mail : <input type="text" id="input1" value="Mention
Obligatoire" /></p>
```

```
<p><input type="submit" id="soumettre" value="Un seul envoi par
utilisateur" /></p>
</form>
</body>
</html>
```

Chapitre 4
Manipulation des feuilles de style CSS

A Introduction

Est-il nécessaire de souligner l'importance prise par les feuilles de style dans l'écriture du code des pages Web ? Avec jQuery, la modification dynamique des propriétés de style CSS se révèle facile à implémenter.

La méthode `css()` étudiée aux trois premiers points de ce chapitre, n'est pas sans rappeler la méthode `attr()` abordée au chapitre précédent.

B Accéder à une propriété de style

La méthode `css()` se décline de trois façons. La première permet uniquement d'accéder à la propriété de style CSS d'un élément donné.

css(nom)

Permet d'accéder à une propriété de style du premier élément trouvé.

Le nom est une chaîne de caractères qui reprend la propriété de style à accéder.

```
$("p").css("color");
```

Cette méthode renvoie une chaîne de caractères (String).

Exemple

Soit une page avec 3 éléments de type bloc.

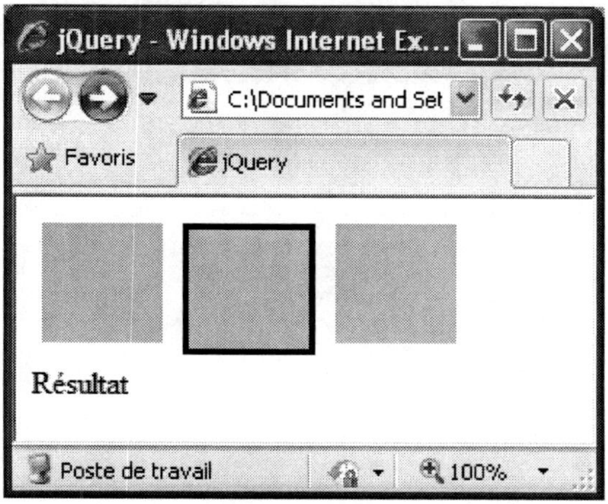

Le document Html :

```
<!DOCTYPE html PUBLIC "-//W3C//DTD XHTML 1.0 Transitional//EN"
"http://www.w3.org/TR/xhtml1/DTD/xhtml1-transitional.dtd">
<html xmlns="http://www.w3.org/1999/xhtml" xml:lang="fr"
lang="fr">
<head>
<meta http-equiv="Content-Type" content="text/html; charset=iso-
8859-1" />
<title>jQuery</title>
<style type="text/css">
div { width: 60px;
      height: 60px;
      margin: 5px;
      float: left;
      background-color:#9cf;"}
</style>
</head>
<body>
<div id="div1"></div>
<div id="div2" style="border: 3px solid black;"></div>
<div id="div3" style="visibility: visible;"></div>
<p style="clear: left;" id="resultat">Résultat </p>
</body>
</html>
```

Au clic sur un élément de type bloc, le script affichera respectivement, de gauche à droite, la couleur d'arrière-plan, la couleur de la bordure et la visibilité.

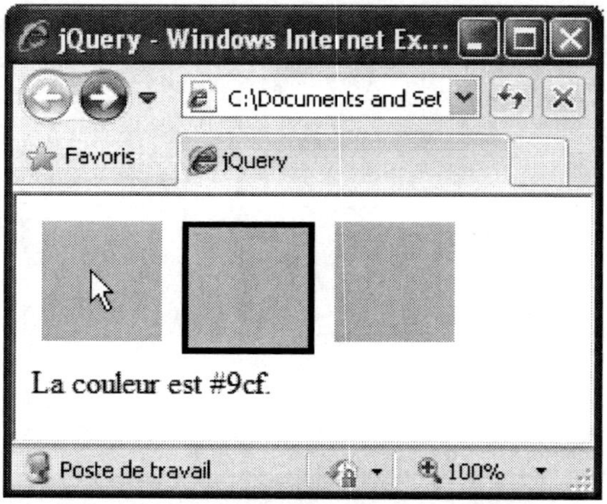

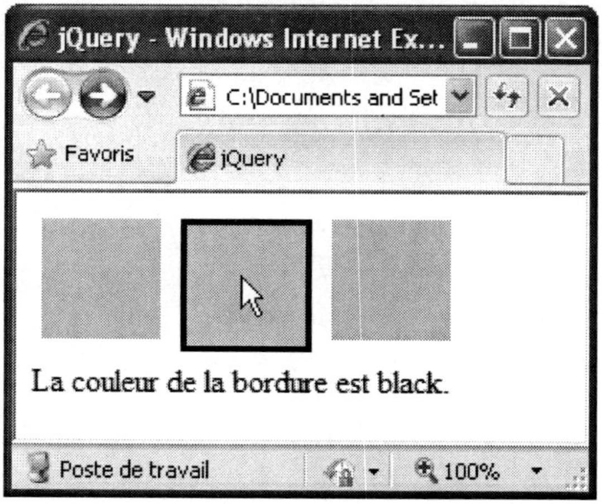

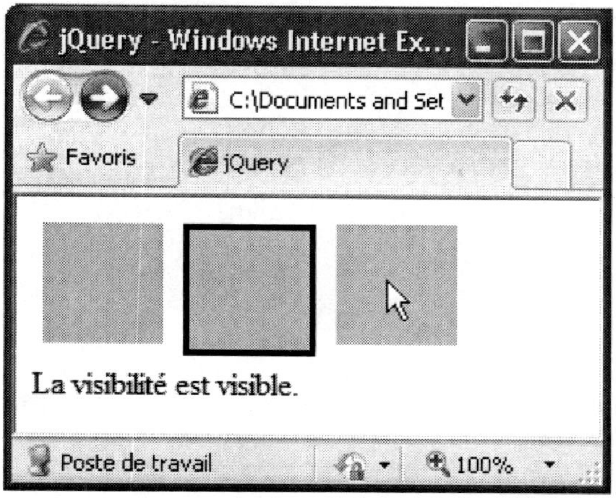

Soit le script jQuery :

```
<script type="text/javascript">
//<![CDATA[
$(document).ready(function(){
$("#div1").click(function () {
var couleur = $(this).css("background-color");
$("#resultat").html("La couleur est <span>" + couleur +
"</span>.");
});
$("#div2").click(function () {
var bordure = $(this).css("border-color");
$("#resultat").html("La couleur de la bordure est <span>" +
bordure + "</span>.");
});
$("#div3").click(function () {
var visibility = $(this).css("visibility");
$("#resultat").html("La visibilité est <span>" + visibility +
"</span>.");
});
});
//]]>
</script>
```

Détaillons celui-ci.

```
$(document).ready(function(){
```

Dès que le DOM est chargé.

```
$("#div1").click(function () {
var couleur = $(this).css("background-color");
```

Le clic de la souris sur le premier carré (`id="div1"`) charge dans la variable `couleur` la propriété de la couleur d'arrière-plan de cet élément par `css("background-color")`.

```
$("#resultat").html("La couleur est <span>" + couleur + "</span>.");
});
```

La valeur de la propriété de style est alors affichée comme du Html dans la balise `<p>` identifiée par `resultat`.

```
$("#div2").click(function () {
var border = $(this).css("border-color");
```

Le clic de la souris sur le second carré (`id="div2"`) charge dans la variable `bordure` la couleur de la bordure de cet élément par `css("border-color")`.

```
$("#resultat").html("La couleur de la bordure est <span>" + border +
"</span>.");
});
```

La valeur est affichée dans la page Html.

```
$("#div3").click(function () {
var visibility = $(this).css("visibility");
```

Le clic de la souris sur le troisième carré (`id="div3"`) charge dans la variable `visibility`, l'état de visibilité de cet élément par `css("visibility")`.

```
$("#resultat").html("La visibilité est <span>" + visibility + "</span>.");
});
```

La valeur est affichée dans la page

```
});
```

Fin de script.

Le fichier final est :

```
<!DOCTYPE html PUBLIC "-//W3C//DTD XHTML 1.0 Transitional//EN"
"http://www.w3.org/TR/xhtml1/DTD/xhtml1-transitional.dtd">
<html xmlns="http://www.w3.org/1999/xhtml" xml:lang="fr"
lang="fr">
<head>
<meta http-equiv="Content-Type" content="text/html; charset=iso-
8859-1" />
<title>jQuery</title>
<script type="text/javascript" src="jquery.js" ></script>
<script type="text/javascript">
//<![CDATA[
$(document).ready(function(){
$("#div1").click(function () {
var couleur = $(this).css("background-color");
$("#resultat").html("La couleur est <span>" + couleur +
"</span>.");
});
$("#div2").click(function () {
var bordure = $(this).css("border-color");
$("#resultat").html("La couleur de la bordure est <span>" +
bordure + "</span>.");
});
$("#div3").click(function () {
var visibility = $(this).css("visibility");
$("#resultat").html("La visibilité est <span>" + visibility +
"</span>.");
});
});
//]]>
</script>
<style type="text/css">
div { width:60px;
      height:60px;
      margin:5px;
      float:left;
      background-color:#9cf;"}
</style>
</head>
<body>
<div id="div1"></div>
<div id="div2" style="border: 3px solid black;"></div>
<div id="div3" style="visibility: visible;"></div>
<p style="clear: left;" id="resultat">Résultat </p>
</body>
</html>
```

C
Modifier les propriétés de style

La fonction `css()`, dotée de certains paramètres, permet également de modifier des propriétés de style d'éléments de la page.

css({propriété de style})

Modifie les propriétés de style d'un élément donné en utilisant la notation CSS clé/valeur pour les propriétés de style à transformer.

```
$("p").css({ color: "red", background: "blue" });
```

Il faut remarquer la présence des accolades habituelles pour les déclarations de style.

Si la clé contient un trait d'union comme par exemple `background-color`, celle-ci doit être placée entre des guillemets (soit `"background-color"`).

La notation JavaScript (CamelCase) peut également être adoptée soit `backgroundColor` au lieu de `background-color`.

Cette méthode renvoie un objet jQuery.

<u>*Exemple*</u>

Illustrons cette méthode jQuery par un exemple. Au survol d'un paragraphe, celui-ci est doté d'un arrière-plan et affiche la police de caractères en italique.

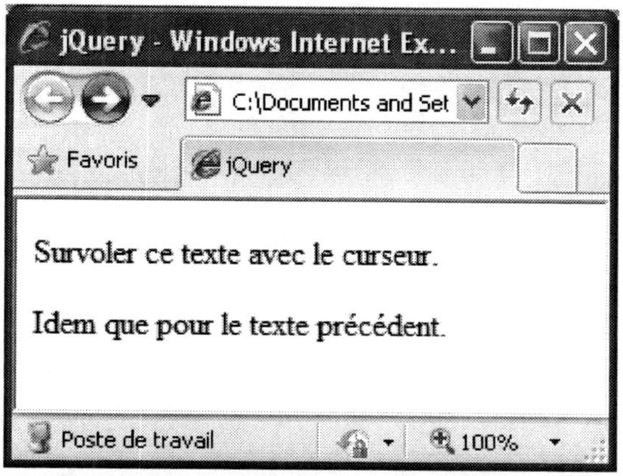

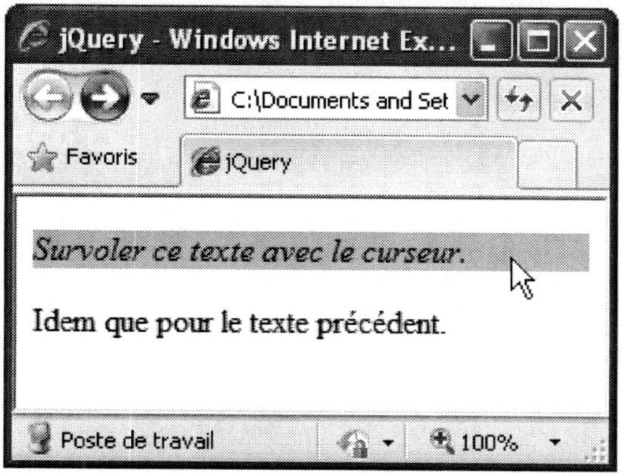


```
<!DOCTYPE html PUBLIC "-//W3C//DTD XHTML 1.0 Transitional//EN"
"http://www.w3.org/TR/xhtml1/DTD/xhtml1-transitional.dtd">
<html xmlns="http://www.w3.org/1999/xhtml" xml:lang="fr"
lang="fr">
<head>
<meta http-equiv="Content-Type" content="text/html; charset=iso-
8859-1" />
<title>jQuery</title>
<style type="text/css">
p { font: Arial sans-serif;}
</style>
</head>
<body>
<p>Survoler ce texte avec le curseur.</p>
<p>Idem que pour le texte précédent.</p>
</body>
</html>
```

Le script jQuery :

```
<script type="text/javascript">
$(document).ready(function(){
$("p").mouseover(function () {
$(this).css({'background-color' : '#9cf', 'font-style':
'italic'});
});
$("p").mouseout(function () {
$(this).css({'background-color' : '', 'font-style' : ''});
});
});
</script>
```

Explications :

```
$(document).ready(function(){
```

Chargement du DOM.

```
$("p").mouseover(function () {
$(this).css({'background-color' : '#9cf', 'font-style': 'italic'});
});
```

Au survol du paragraphe <p> par la souris (`mouseover()`), la fonction `css()` modifie la couleur de l'arrière-plan et met la police de caractères en italique de celui-ci `css({'background-color' : '#9cf', 'font-style': 'italic'})`.

```
$("p").mouseout(function () {
$(this).css({'background-color' : '', 'font-style' : ''});
});
```

Lorsque le curseur quitte le paragraphe (`mouseout()`), les modifications sont annulées.

```
});
```

Fin du script.

Les propriétés notées selon les prescriptions CSS peuvent également être reprises selon la notation JavaScript. Le script deviendrait alors :

```
<script type="text/javascript">
$(document).ready(function(){
$("p").mouseover(function () {
$(this).css({backgroundColor : '#9cf', fontStyle: 'italic'});
```

```
});
$("p').mouseout(function () {
$(this).css({backgroundColor : '', fontStyle : ''});
});
});
</script>
```

Le document complet :

```
<!DOCTYPE html PUBLIC "-//W3C//DTD XHTML 1.0 Transitional//EN"
"http://www.w3.org/TR/xhtml1/DTD/xhtml1-transitional.dtd">
<html xmlns="http://www.w3.org/1999/xhtml" xml:lang="fr"
lang="fr">
<head>
<meta http-equiv="Content-Type" content="text/html; charset=iso-
8859-1" />
<title>jQuery</title>
<script type="text/javascript" src="jquery.js" ></script>
<script type="text/javascript">
$(document).ready(function(){
$("p").mouseover(function () {
$(this).css({'background-color' : '#9cf', 'font-style': 'italic'});
});
$("p").mouseout(function () {
$(this).css({'background-color' : '', 'font-style' : ''});
});
});
</script>
<style type="text/css">
p { font: Arial sans-serif;}
</style>
</head>
<body>
<p>Survoler ce texte avec le curseur.</p>
<p>Idem que pour le texte précédent.</p>
</body>
</html>
```

D
Attribuer des propriétés de style

La fonction `css()` de jQuery propose une dernière façon de noter les transformations des propriétés de style.

css(clé,valeur)

Modifie les propriétés de style d'un élément donné en utilisant la notation clé/valeur pour les propriétés de style à transformer.

- clé (chaîne de caractère) correspond au nom de la propriété de style à modifier.
- valeur (chaîne de caractère ou nombre) est la nouvelle valeur de la propriété. Si un nombre est spécifié, jQuery le converti automatiquement en pixel.

```
$("p").css("color","red");
```

Cette méthode renvoie un objet jQuery.

Exemple

Prenons deux divisions superposées. Par un script jQuery, modifions l'ordre de celles-ci au survol de la souris.

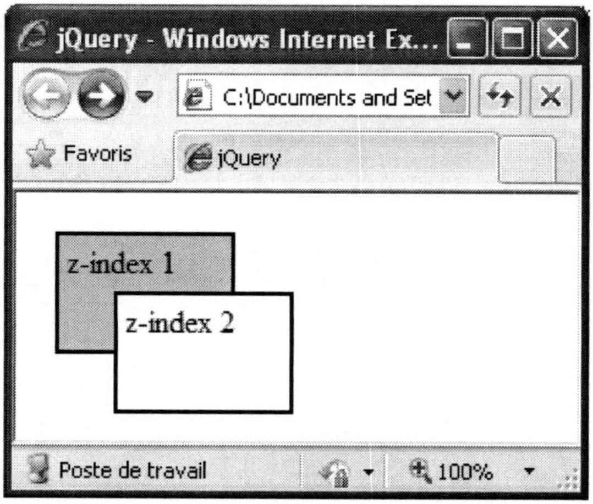

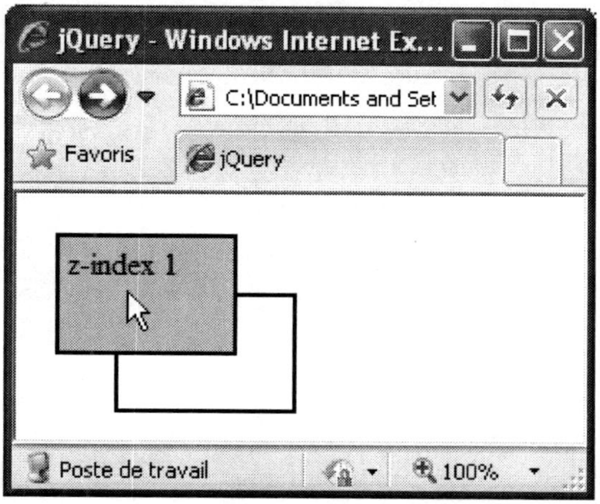


```
<!DOCTYPE html PUBLIC "-//W3C//DTD XHTML 1.0 Transitional//EN"
"http://www.w3.org/TR/xhtml1/DTD/xhtml1-transitional.dtd">
<html xmlns="http://www.w3.org/1999/xhtml" xml:lang="fr"
lang="fr">
<head>
<meta http-equiv="Content-Type" content="text/html; charset=iso-
8859-1" />
<title>jQuery</title>
<style type="text/css">
#boite1 { position: absolute;
          left: 20px;
          top: 20px;
          width: 80px;
          height: 50px;
          padding: 4px;
          border: 2px solid black;
          background-color: #9cf;}
#boite2 { position: absolute;
          left: 50px;
          top: 50px;
          width: 80px;
          height: 50px;
          padding: 4px;
          border: 2px solid black;
          background-color: white;}
</style>
</head>
<body>
<div id="boite1">
z-index 1
</div>
```

```
<div id="boite2">
z-index 2
</div>
</body>
</html>
```

Remarquons qu'aucune propriété de style relative à la superposition des divisions (`z-index`) n'est présente dans le code du fichier de départ.

Le script jQuery :

```
<script type="text/javascript">
$(document).ready(function(){
$("#boite1").mouseover(function () {
$(this).css('z-index' , '10');
});
$("#boite1").mouseout(function () {
$(this).css('z-index' , '');
});
});
</script>
```

Explications :

```
$(document).ready(function(){
```

Au chargement du DOM.

```
$("#boite1").mouseover(function () {
$(this).css('z-index' , '10');
});
```

Au survol de la souris (`mouseover()`), la division dont l'identifiant est `boite1`, se voit attribuer une valeur de `z-index` de `10`, ce qui la place au premier plan par rapport à la division identifiée par `boite2`.

```
$("#boite1").mouseout(function () {
$(this).css('z-index' , '');
});
```

Lorsque le curseur quitte la division `boite1`, la valeur par défaut de `z-index` est restituée.

```
});
```

Fin de script.

Le document complet devient :

```
<!DOCTYPE html PUBLIC "-//W3C//DTD XHTML 1.0 Transitional//EN"
"http://www.w3.org/TR/xhtml1/DTD/xhtml1-transitional.dtd">
<html xmlns="http://www.w3.org/1999/xhtml" xml:lang="fr"
lang="fr">
<head>
<meta http-equiv="Content-Type" content="text/html; charset=iso-
8859-1" />
<title>jQuery</title>
<script type="text/javascript" src="jquery.js" ></script>
<script type="text/javascript">
$(document).ready(function(){
$("#boite1").mouseover(function () {
$(this).css('z-index' , '10');
});
$("#boite1").mouseout(function () {
$(this).css('z-index' , '');
});
});
</script>
<style type="text/css">
#boite1 { position: absolute;
          left: 20px;
          top: 20px;
          width: 80px;
          height: 50px;
          padding: 4px;
          border: 2px solid black;
          background-color: #9cf;}
#boite2 { position: absolute;
          left: 50px;
          top: 50px;
          width: 80px;
          height: 50px;
          padding: 4px;
          border: 2px solid black;
          background-color: white;}
</style>
</head>
<body>
<div id="boite1">
z-index 1
</div>
<div id="boite2">
z-index 2
</div>
</body>
</html>
```

E
Le dimensionnement

JQuery propose une série de méthodes relatives à la dimension des éléments.

height()

Renvoie la hauteur, exprimée en pixels, d'un élément.

```
$("p").height();
```

Cette méthode renvoie une chaîne de caractères (String).

height(valeur)

Assigne une hauteur aux éléments spécifiés. Si aucune unité n'est spécifiée (comme `em` ou `%`), l'unité `px` sera choisie par défaut.

- valeur (chaîne de caractères ou entier) : valeur de la hauteur assignée.

```
$("p").height(120);
```

Cette méthode renvoie un objet jQuery.

Après la hauteur, la largeur…

width()

Renvoie la largeur, exprimée en pixels, d'un élément

```
$("p").width();
```

Cette méthode renvoie une chaîne de caractères (String).

width(valeur)

Assigne une largeur aux éléments spécifiés. Si aucune unité n'est spécifiée (comme `em` ou `%`), l'unité `px` sera choisie par défaut.

- valeur (chaîne de caractères ou entier) : valeur de la largeur assignée.

```
$("p").width(120);
```

Cette méthode renvoie un objet jQuery.

Citons encore les méthodes :

- **innerHeight()** : retourne la hauteur intérieure (la bordure exclue mais le padding inclus) du premier élément trouvé dans la sélection.
- **innerWidth()** : récupère la largeur intérieure (la bordure exclue mais le padding inclus) du premier élément trouvé répondant à la sélection.
- **outerHeight(options)** : retourne la hauteur extérieure (la bordure incluse et le padding par défaut) pour le premier élément trouvé répondant à la sélection.
- **outerWidth(options)** : retourne la largeur extérieure (inclut la bordure et le padding par défaut) pour le premier élément trouvé répondant à la sélection.

Ces méthodes fonctionnent pour les éléments visibles et non visibles.

Exemple

Au clic sur un élément boîte, un script jQuery détecte la largeur et la hauteur. Ces dimensions sont alors doublées.

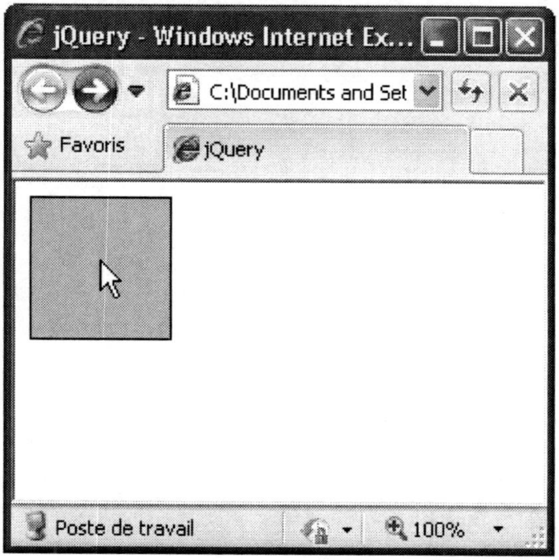

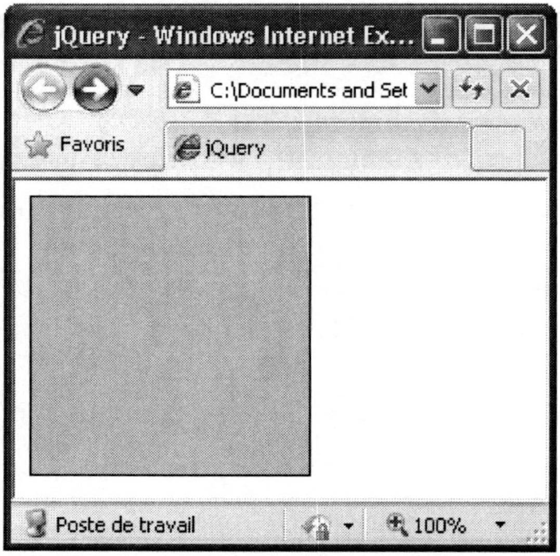


```
<!DOCTYPE html PUBLIC "-//W3C//DTD XHTML 1.0 Transitional//EN"
"http://www.w3.org/TR/xhtml1/DTD/xhtml1-transitional.dtd">
<html xmlns="http://www.w3.org/1999/xhtml" xml:lang="fr"
lang="fr">
<head>
<meta http-equiv="Content-Type" content="text/html; charset=iso-
8859-1" />
<title>jQuery</title>
<style type="text/css">
div { position: relative;
      width: 75px;
      height: 75px;
      border: 1px solid black;
      background-color: #9cf;}
</style>
</head>
<body>
<div></div>
</body>
</html>
```

Le script :

```
<script type="text/javascript">
$(document).ready(function(){
$("div").click(function () {
hauteur=$(this).height()
largeur=$(this).width()
```

```
$(this).height(hauteur*2).width(largeur*2);
});
});
</script>
```

Explications :

```
$(document).ready(function(){
$("div").click(function () {
```

Au chargement et au clic sur la boîte.

```
hauteur=$(this).height()
largeur=$(this).width()
```

La hauteur et la largeur de l'élément sélectionné sont stockées dans une variable.

```
$(this).height(hauteur*2).width(largeur*2);
```

La hauteur et la largeur de l'élément sont multipliées par 2.

```
});
});
```

Fin du script.

Le document final se présente alors :

```
<!DOCTYPE html PUBLIC "-//W3C//DTD XHTML 1.0 Transitional//EN"
"http://www.w3.org/TR/xhtml1/DTD/xhtml1-transitional.dtd">
<html xmlns="http://www.w3.org/1999/xhtml" xml:lang="fr"
lang="fr">
<head>
<meta http-equiv="Content-Type" content="text/html; charset=iso-
8859-1" />
<title>jQuery</title>
<script type="text/javascript" src="jquery.js" ></script>
<script type="text/javascript">
$(document).ready(function(){
$("div").click(function () {
hauteur=$(this).height()
largeur=$(this).width()
$(this).height(hauteur*2).width(largeur*2);
});
});
</script>
<style type="text/css">
```

```
div { position: relative;
      width: 75px;
      height: 75px;
      border: 1px solid black;
      background-color: #9cf;}
</style>
</head>
<body>
<div></div>
</body>
</html>
```

F Le positionnement

Parallèlement aux méthodes jQuery sur la dimension des éléments, jQuery propose des méthodes pour déterminer la position de ceux-ci.

position()

Renvoie la valeur `top` et `left` de la position d'un élément relative à son élément parent.

```
$("p:first").position();
```

Cette méthode renvoie un objet de type `object{top,left}`.

offset()

Renvoie la valeur `top` et `left` de la position d'un élément relative au document.

```
$("p:first").offset();
```

Cette méthode renvoie un objet de type `object{top,left}`.

Plus particulières sont les méthodes `scrollTop(valeur)` et `scrollLeft(valeur)` qui permettent de modifier pour un élément le décalage par rapport au bord supérieur ou au bord gauche. D'une certaine façon, ces méthodes permettent de contrôler l'amplitude de la barre de défilement verticale et horizontale.

scrollTop(valeur)

Modifie le décalage (en pixels) entre le bord supérieur du document (`top`) et l'élément sélectionné, en prenant la valeur passée en argument.

valeur : nombre positif représentant le nouveau décalage désiré.

```
$("div").scrollTop(300);
```

Cette méthode renvoie un objet jQuery.

scrollLeft(valeur)

Modifie le décalage (en pixels) entre le bord gauche du document (`left`) et l'élément sélectionné, en prenant la valeur passée en argument.

valeur : nombre positif représentant le nouveau décalage désiré.

```
$("div").scrollLeft(300);
```

Cette méthode renvoie un objet jQuery.

Exemple

Illustrons ceci par un exemple. Par le clic sur un bouton, nous allons permettre à l'utilisateur d'atteindre directement le second paragraphe d'un texte.

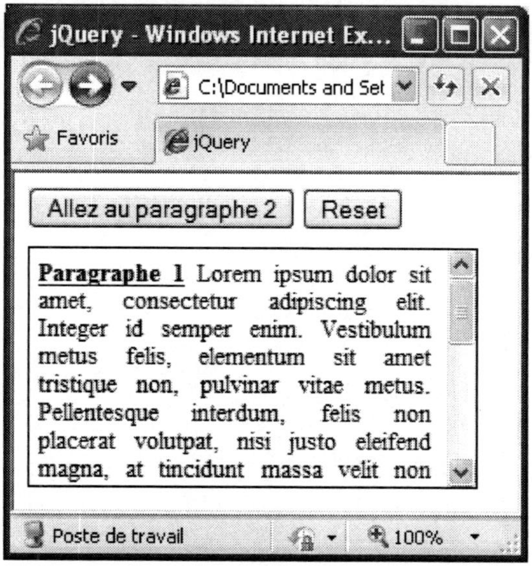

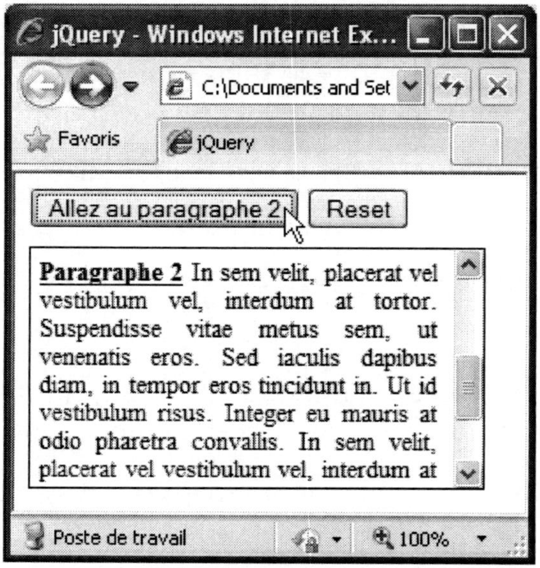


```
<!DOCTYPE html PUBLIC "-//W3C//DTD XHTML 1.0 Transitional//EN"
"http://www.w3.org/TR/xhtml1/DTD/xhtml1-transitional.dtd">
<html xmlns="http://www.w3.org/1999/xhtml" xml:lang="fr"
lang="fr">
<head>
<meta http-equiv="Content-Type" content="text/html; charset=iso-
8859-1" />
<title>jQuery</title>
<style type="text/css">
div { position: relative;
      width: 250px;
      height: 130px;
      border: 1px solid black;
      margin-top: 10px;
      padding: 3px;
      font-size: 0.9em;
      overflow: auto;}
p { margin:2px;
    width:225px;
    text-align: justify;}
span { font-weight: bold;
       text-decoration: underline}
</style>
</head>
<body>
<button id="go">Allez au paragraphe 2</button>
<button id="reset">Reset</button>
```

```
<div class="demo">
<p><span>Paragraphe 1</span> Lorem ipsum dolor sit amet,
consectetur adipiscing elit. Integer id semper enim. Vestibulum
metus felis, elementum sit amet tristique non, pulvinar vitae
metus. Pellentesque interdum, felis non placerat volutpat, nisi
justo eleifend magna, at tincidunt massa velit non dolor</p>
<p><span>Paragraphe 2</span> In sem velit, placerat vel vestibulum
vel, interdum at tortor. Suspendisse vitae metus sem, ut venenatis
eros. Sed iaculis dapibus diam, in tempor eros tincidunt in. Ut id
vestibulum risus. Integer eu mauris at odio pharetra convallis.
In sem velit, placerat vel vestibulum vel, interdum at tortor.
Suspendisse vitae metus sem, ut venenatis eros. Sed iaculis
dapibus diam, in tempor eros tincidunt in. Ut id vestibulum risus.
Integer eu mauris at odio pharetra convallis.</p>
</div>
</body>
</html>
```

Le script jQuery :

```
<script type="text/javascript">
$(document).ready(function(){
$("#go").click(function () {
$("div").scrollTop(148);
});
$("#reset").click(function () {
$("div").scrollTop(0);
});
});
</script>
```

Explication du script :

```
$(document).ready(function(){
```

Au chargement du DOM.

```
$("#go").click(function () {
$("div").scrollTop(148);
});
```

Au clic du bouton, la position du texte par rapport au bord supérieur de la division est modifiée pour atteindre le second paragraphe.

```
$("#reset").click(function () {
$("div").scrollTop(0);
});
```

Le bouton reset remet le décalage vers le haut dans sa position initiale pour faire apparaître à nouveau le premier paragraphe.

```
});
```

Fin de script.

Le document complet se présente alors comme suit.

```
<!DOCTYPE html PUBLIC "-//W3C//DTD XHTML 1.0 Transitional//EN"
"http://www.w3.org/TR/xhtml1/DTD/xhtml1-transitional.dtd">
<html xmlns="http://www.w3.org/1999/xhtml" xml:lang="fr"
lang="fr">
<head>
<meta http-equiv="Content-Type" content="text/html; charset=iso-
8859-1" />
<title>jQuery</title>
<script type="text/javascript" src="jquery.js" ></script>
<script type="text/javascript">
$(document).ready(function(){
$("#go").click(function () {
$("div").scrollTop(148);
});
$("#reset").click(function () {
$("div").scrollTop(0);
});
});
</script>
<style type="text/css">
div { position: relative;
      width: 250px;
      height: 130px;
      border: 1px solid black;
      margin-top: 10px;
      padding: 3px;
      font-size: 0.9em;
      overflow: auto;}
p { margin:2px;
    width:225px;
    text-align: justify;}
span { font-weight: bold;
       text-decoration: underline}
</style>
</head>
<body>
<button id="go">Allez au paragraphe 2</button>
<button id="reset">Reset</button>
<div class="demo">
<p><span>Paragraphe 1</span> Lorem ipsum dolor sit amet,
```

```
consectetur adipiscing elit. Integer id semper enim. Vestibulum
metus felis, elementum sit amet tristique non, pulvinar vitae
metus. Pellentesque interdum, felis non placerat volutpat, nisi
justo eleifend magna, at tincidunt massa velit non dolor</p>
<p><span>Paragraphe 2</span> In sem velit, placerat vel vestibulum
vel, interdum at tortor. Suspendisse vitae metus sem, ut venenatis
eros. Sed iaculis dapibus diam, in tempor eros tincidunt in. Ut id
vestibulum risus. Integer eu mauris at odio pharetra convallis.
In sem velit, placerat vel vestibulum vel, interdum at tortor.
Suspendisse vitae metus sem, ut venenatis eros. Sed iaculis
dapibus diam, in tempor eros tincidunt in. Ut id vestibulum risus.
Integer eu mauris at odio pharetra convallis.</p>
</div>
</body>
</html>
```

G Applications

1 Redimensionner la taille des caractères

Nous allons permettre à l'utilisateur de modifier, à son gré, la taille de la police de caractères pour un meilleur confort de lecture.

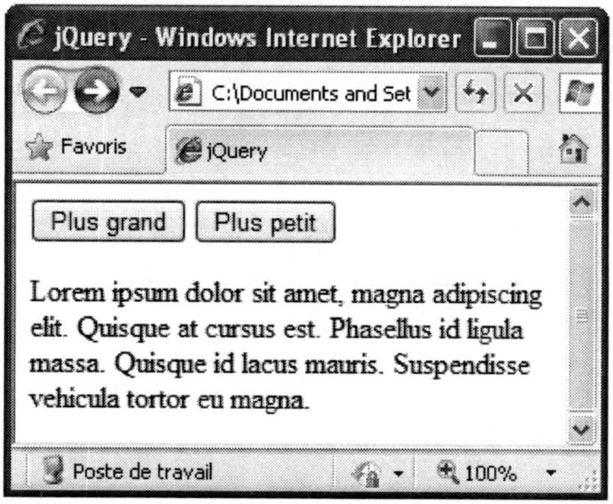


```
<!DOCTYPE html PUBLIC "-//W3C//DTD XHTML 1.0 Transitional//EN"
"http://www.w3.org/TR/xhtml1/DTD/xhtml1-transitional.dtd">
<html xmlns="http://www.w3.org/1999/xhtml" xml:lang="fr"
```

```
lang="fr">
<head>
<meta http-equiv="Content-Type" content="text/html; charset=iso-
8859-1" />
<title>jQuery</title>
<style type="text/css">
p { font-size: 1em;}
</style>
</head>
<body>
<input type="button" value="Plus grand" id="plus" />
<input type="button" value="Plus petit" id="moins" />
<p>Lorem ipsum dolor sit amet, magna adipiscing elit. Quisque at
cursus est. Phasellus id ligula massa. Quisque id lacus mauris.
Suspendisse vehicula tortor eu
magna.</p>
</body>
</html>
```

Le script jQuery va permettre au clic d'un premier bouton d'agrandir la taille des caractères. Un second bouton est prévu pour diminuer celle-ci.

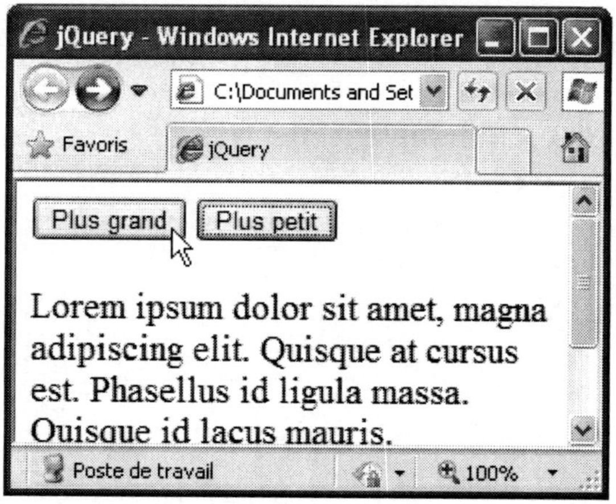

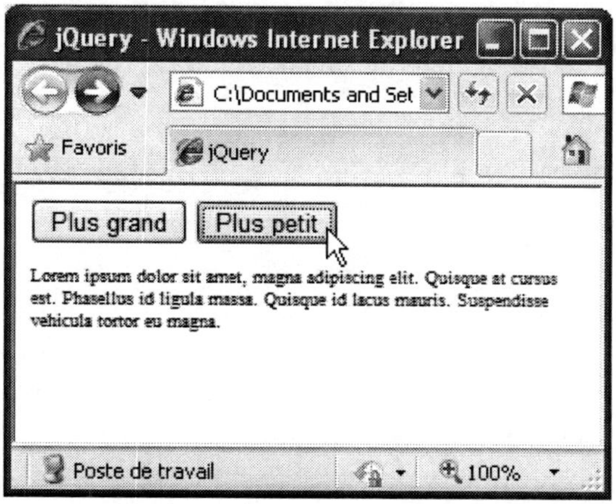


```
<script type="text/javascript">
$(document).ready(function(){
$('input').click(function(){
var texte = $('p');
var taille = texte.css('fontSize');
var nombre = parseFloat(taille, 10);
var unite = taille.slice(-2);
if(this.id == 'plus') {
nombre *= 1.2;
}
else if (this.id == 'moins'){
nombre /=1.2;
}
texte.css('fontSize', nombre + unite);
});
});
</script>
```

Le détail de celui-ci :

```
$(document).ready(function(){
```

Au chargement du DOM.

```
$('input').click(function(){
```

Au clic sur un des boutons.

```
var texte = $('p');
var taille = texte.css('fontSize');
```

La taille de caractères (`fontSize`) du texte est stockée dans une variable (`taille`).

```
var nombre = parseFloat(taille, 10);
```

La fonction JavaScript `parseFloat()` convertit cette chaîne de caractères sous forme de nombre (base 10).

```
var unite = taille.slice(-2);
```

Avec la fonction `slice()` de jQuery, nous obtenons l'unité utilisée pour la taille de caractères (`px` ou `em`). La valeur négative permet de commencer à partir de la fin de la sélection.

```
if(this.id == 'plus')
{nombre *= 1.2;
}
```

Si le bouton "plus" est cliqué, la taille des caractères est augmentée de 20 %.

```
else if (this.id == 'moins')
{nombre /=1.2;
}
```

Si le bouton "moins" est activé, la taille de caractères est diminuée dans la même proportion.

```
texte.css('fontSize', nombre + unite);
```

La nouvelle valeur de la taille de caractères est attribuée.

```
});
});
```

Fin de script.

Notre fichier devient alors :

```
<!DOCTYPE html PUBLIC "-//W3C//DTD XHTML 1.0 Transitional//EN"
"http://www.w3.org/TR/xhtml1/DTD/xhtml1-transitional.dtd">
<html xmlns="http://www.w3.org/1999/xhtml" xml:lang="fr"
lang="fr">
<head>
<meta http-equiv="Content-Type" content="text/html; charset=iso-
8859-1" />
<title>jQuery</title>
<script type="text/javascript" src="jquery.js" ></script>
```

```
<script type="text/javascript">
$(document).ready(function(){
$('input').click(function(){
var texte = $('p');
var taille = texte.css('fontSize');
var nombre = parseFloat(taille, 10);
var unite = taille.slice(-2);
if(this.id == 'plus') {
nombre *= 1.2;
}
else if (this.id == 'moins'){
nombre /=1.2;
}
texte.css('fontSize', nombre + unite);
});
});
</script>
<style type="text/css">
p { font-size: 1em;}
</style>
</head>
<body>
<input type="button" value="Plus grand" id="plus" />
<input type="button" value="Plus petit" id="moins" />
<p>Lorem ipsum dolor sit amet, magna adipiscing elit. Quisque at
cursus est. Phasellus id ligula massa. Quisque id lacus mauris.
Suspendisse vehicula tortor eu
magna.</p>
</body>
</html>
```

2 Zoom sur image avec une légende

Soit une page qui présente des images miniatures. Au survol de la souris, l'image est affichée dans sa taille réelle. Le script offre la possibilité de joindre une légende à celle-ci.

Les images de cette application sont disponibles dans l'espace de téléchargement consacré à cet ouvrage.

Le fichier Xhtml de départ :

```
<!DOCTYPE html PUBLIC "-//W3C//DTD XHTML 1.0 Transitional//EN"
"http://www.w3.org/TR/xhtml1/DTD/xhtml1-transitional.dtd">
<html xmlns="http://www.w3.org/1999/xhtml" xml:lang="fr"
lang="fr">
```

```
<head>
<meta http-equiv="Content-Type" content="text/html; charset=iso-
8859-1" />
<title>jQuery</title>
<style type="text/css">
body { margin: 0px;
       padding: 10px;
       font:80% Arial, sans-serif;}
h2 { clear:both;
     font-size:160%;
     font-weight:normal;
     margin: 0px;
     padding-top: 10px;
     padding-bottom: 15px;}
a { text-decoration:none;
    color:black;}
img { border: 1px solid black;}
ul,li { margin: 0px;
        padding: 0px;}
li { list-style: none;
     float: left;
     display: inline;
     margin-right: 10px;}
#zoom { position: absolute;
        border: 1px solid #333;
        background: #333;
        padding: 3px;
        display: none;
        color: #fff;}
/style>
</head>
<body>
<h2>Effet de Zoom avec légende</h2>
<ul>
<li><a href="ours1.jpg" class="zoom" title="Ours polaire en
danger"><img src="pt_ours1.jpg" alt="" /></a></li>
<li><a href="ours2.jpg" class="zoom" title="Ours polaire en
danger"><img src="pt_ours2.jpg" alt="" /></a></li>
<li><a href="ours3.jpg" class="zoom" title="Ours polaire en
danger"><img src="pt_ours3.jpg" alt="" /></a></li>
</ul>
</body>
</html>
```

Commentaires :

La légende qui apparaît dans l'image agrandie est reprise dans l'attribut title du lien.

Grâce au lien vers l'image dans sa dimension initiale, la page reste accessible aux utilisateurs qui auraient désactivé le JavaScript.

Le script jQuery :

```
<script type="text/javascript">
//<![CDATA[
this.zoom_image = function(){
xOffset = 10;
yOffset = 30;
$("a.zoom").hover(function(e){
this.texte = this.title;
this.title = "";
var legende = (this.texte != "") ? "<br/>" + this.texte : "";
$("body").append("<p id='zoom'><img src='"+ this.href +"'
alt='Visualisation image' />"+ legende +"</p>");
$("#zoom")
.css("top",(e.pageY - xOffset) + "px")
.css("left",(e.pageX + yOffset) + "px")
.fadeIn("slow");
},
function(){
this.title = this.texte;
$("#zoom").remove();
});
$("a.zoom").mousemove(function(e){
$("#zoom")
.css("top",(e.pageY - xOffset) + "px")
.css("left",(e.pageX + yOffset) + "px");
});
};
$(document).ready(function(){
zoom_image();
});
//]]>
</script>
```

Ce script réclame bien entendu des explications.

```
this.zoom_image = function(){
xOffset = 10;
yOffset = 30;
```

Avant de lancer le jQuery et l'effet qu'il apportera, il faut d'abord mettre en place la fonction `zoom_image`. Commençons par créer deux variables (`xOffset` et `yOffset`) qui définissent le déport horizontal et vertical du pop-up de l'image par rapport au curseur. Ces valeurs peuvent être ajustées par le concepteur de la page.

```
$("a.zoom").hover(function(e){
```

Le script applique la méthode `hover()` aux liens dotés de la classe `zoom`. L'événement associé au curseur est transmis en paramètre à la fonction (`function(e)`).

```
this.texte = this.title;
this.title = "";
```

Au survol de la miniature, le texte de l'attribut `title` est repris dans la variable texte.

```
var legende = (this.texte != "") ? "<br/>" + this.texte : "";
```

Si l'attribut `title` est non vide, la légende de l'image (variable `legende`) est construite à partir du texte de celui-ci.

```
$("body").append("<p id='zoom'><img src='"+ this.href +"'
alt='Visualisation image' />"+ legende +"</p>");
```

Le script insère (`append()`) alors dans le body, un paragraphe avec l'identifiant `zoom` contenant l'image dont l'adresse est fournie par le lien (`img src='"+ this.href`) ainsi que la légende.

```
$("#zoom")
.css("top",(e.pageY - xOffset) + "px")
.css("left",(e.pageX + yOffset) + "px")
.fadeIn("slow");
```

Ce paragraphe (`id='zoom'`) est alors affiché selon les propriétés de style `top` et `left` en ajoutant le déport défini plus haut, à la position du curseur. Un effet de `fadeIn()` a été ajouté.

```
},
```

Fin de la première fonction de la méthode `hover()`.

```
function(){
this.title = this.texte;
$("#zoom").remove();
```

Lorsque le curseur quitte la miniature (`$("#zoom")`), le pop-up de l'image disparaît.

```
});
```

Fin de la seconde fonction de la méthode `hover()`.

```
$("a.zoom").mousemove(function(e){
```

Il faut encore prévoir que l'utilisateur, tout en survolant la miniature (`$("a.zoom")`), est susceptible de faire bouger le curseur de la souris (`mousemove()`). L'événement associé au curseur est transmis en paramètre à la fonction (`function(e)`).

```
$("#zoom")
.css("top",(e.pageY - xOffset) + "px")
.css("left",(e.pageX + yOffset) + "px");
});
```

Le pop-up contenant l'image suit les mouvements du curseur.

```
};
```

Fin du hover().

```
$(document).ready(function(){
zoom_image();
});
```

Toutes les fonctions étant à présent définies, jQuery peut mettre en œuvre la fonction `zoom_image()` au chargement du DOM.

Le fichier Html final est alors :

```
<!DOCTYPE html PUBLIC "-//W3C//DTD XHTML 1.0 Transitional//EN"
"http://www.w3.org/TR/xhtml1/DTD/xhtml1-transitional.dtd">
<html xmlns="http://www.w3.org/1999/xhtml" xml:lang="fr"
lang="fr">
<head>
<meta http-equiv="Content-Type" content="text/html; charset=iso-
8859-1" />
```

```
<title>jQuery</title>
<script src="jquery.js" type="text/javascript"></script>
<script type="text/javascript">
//<![CDATA[
this.zoom_image = function(){
xOffset = 10;
yOffset = 30;
$("a.zoom").hover(function(e){
this.texte = this.title;
this.title = "";
var legende = (this.texte != "") ? "<br/>" + this.texte : "";
$("body").append("<p id='zoom'><img src='"+ this.href +"'
alt='Visualisation image' />"+ legende +"</p>");
$("#zoom")
.css("top",(e.pageY - xOffset) + "px")
.css("left",(e.pageX + yOffset) + "px")
.fadeIn("slow");
},
function(){
this.title = this.texte;
$("#zoom").remove();
});
$("a.zoom").mousemove(function(e){
$("#zoom")
.css("top",(e.pageY - xOffset) + "px")
.css("left",(e.pageX + yOffset) + "px");
});
};
$(document).ready(function(){
zoom_image();
});
//]]>
</script>
<style type="text/css">
body { margin: 0px;
       padding: 10px;
       font:80% Arial, sans-serif;}
h2 { clear:both;
     font-size:160%;
     font-weight:normal;
     margin: 0px;
     padding-top: 10px;
     padding-bottom: 15px;}
a { text-decoration:none;
    color:black;}
img { border: 1px solid black;}
ul,li { margin: 0px;
    padding: 0px;}
li { list-style: none;
```

```
     float: left;
     display: inline;
     margin-right: 10px;}
#zoom { position: absolute;
        border: 1px solid #333;
        background: #333;
        padding: 3px;
        display: none;
        color: #fff;}
</style>
</head>
<body>
<h2>Effet de Zoom avec légende</h2>
<ul>
<li><a href="ours1.jpg" class="zoom" title="Ours polaire en
danger"><img src="pt_ours1.jpg" alt="" /></a></li>
<li><a href="ours2.jpg" class="zoom" title="Ours polaire en
danger"><img src="pt_ours2.jpg" alt="" /></a></li>
<li><a href="ours3.jpg" class="zoom" title="Ours polaire en
danger"><img src="pt_ours3.jpg" alt="" /></a></li>
</ul>
</body>
</html>
```

3 Une infobulle avec jQuery

```
<!DOCTYPE html PUBLIC "-//W3C//DTD XHTML 1.0 Transitional//EN"
"http://www.w3.org/TR/xhtml1/DTD/xhtml1-transitional.dtd">
<html xmlns="http://www.w3.org/1999/xhtml" xml:lang="fr"
lang="fr">
<head>
<meta http-equiv="Content-Type" content="text/html; charset=iso-
8859-1" />
<title>jQuery</title>
<style type="text/css">
body { margin: 0;
       padding-left: 10px;
       padding-right: 10px;
       font: 90% Arial, sans-serif;}
a { text-decoration: none;
    border-bottom: 1px dashed black;
    color: black;}
#infobulle { position: absolute;
             border: 1px solid black;
             background: #9cf;
             padding:2px 5px;
             display: none;}
</style>
</head>
<body>
<p>jQuery est un framework <a href="#" class="infobulle"
title="Langage de scripts utilisé dans les pages web
```

```
interactives">JavaScript</a> libre qui porte sur l'interaction
entre le Html et le JavaScript (comprenant le <a href="#"
class="infobulle" title="Document Object Model">DOM</a> et l'<a
href="#" class="infobulle" title="Asynchronous JavaScript and
XML">AJAX </a>).</p>
<p><img border="0" src="jquery-logo.gif" /></p>
<p>Source : <a href="#" class="infobulle" title="Encyclopédie
universelle disponible sur le Web">Wikipedia</a></p>
</body>
</html>
```

Remarquons que l'attribut title du lien contient le texte de l'infobulle.

Le script :

```
<script type="text/javascript">
//<![CDATA[
this.popup = function(){
xOffset = 10;
yOffset = 20;
$("a.infobulle").hover(function(e){
this.texte = this.title;
this.title = "";
$("body").append("<p id='infobulle'>"+ this.texte +"</p>");
$("#infobulle")
.css("top",(e.pageY - xOffset) + "px")
.css("left",(e.pageX + yOffset) + "px")
.fadeIn("fast");
},
function(){
this.title = this.texte;
$("#infobulle").remove();
});
$("a.infobulle").mousemove(function(e){
$("#infobulle")
.css("top",(e.pageY - xOffset) + "px")
.css("left",(e.pageX + yOffset) + "px");
});
};
$(document).ready(function(){
popup();
});
//]]>
</script>
```

Détaillons ce script qui est assez proche de l'application précédente.

```
this.popup = function(){
xOffset = 10;
yOffset = 20;
```

Mise en place de la fonction `popup` qui définit le déport horizontal et vertical.

```
$("a.infobulle").hover(function(e){
```

Au survol d'un lien avec une classe infobulle (`$("a.infobulle")`), une méthode jQuery `hover()` est appliquée.

```
this.texte = this.title;
this.title = "";
$("body").append("<p id='infobulle'>"+ this.texte +"</p>");
$("#infobulle")
.css("top",(e.pageY - xOffset) + "px")
.css("left",(e.pageX + yOffset) + "px")
.fadeIn("fast");
},
```

Lorsque le curseur est positionné sur le lien, le contenu de l'attribut `title` du lien est repris dans la variable texte. Le script ajoute (`append()`) au corps (`body`) du document, un paragraphe dont l'identifiant est `infobulle` contenant la variable `texte`. Celui-ci est ensuite affiché dans la page avec les coordonnées `top` et `left`. Cet affichage s'effectue avec un effet (`fadeIn("fast")`).

```
function(){
this.title = this.texte;
$("#infobulle").remove();
});
```

Lorsque le curseur quitte le lien, l'infobulle est enlevée (`remove()`).

```
$("a.infobulle").mousemove(function(e){
$("#infobulle")
.css("top",(e.pageY - xOffset) + "px")
.css("left",(e.pageX + yOffset) + "px");
});
};
```

Prévoyons le cas où l'utilisateur bouge légèrement le curseur (mouse-move()) alors qu'il est positionné sur le lien. Ceci permet au script d'accompagner ces mouvements.

```
$(document).ready(function(){
popup();
});
```

Toutes les fonctions étant définies, le script jQuery peut activer la fonction popup().

Le document final :

```
<!DOCTYPE html PUBLIC "-//W3C//DTD XHTML 1.0 Transitional//EN"
"http://www.w3.org/TR/xhtml1/DTD/xhtml1-transitional.dtd">
<html xmlns="http://www.w3.org/1999/xhtml" xml:lang="fr"
lang="fr">
<head>
<meta http-equiv="Content-Type" content="text/html; charset=iso-
8859-1" />
<title>jQuery</title>
<script src="jquery.js" type="text/javascript"></script>
<script type="text/javascript">
//<![CDATA[
this.popup = function(){
xOffset = 10;
yOffset = 20;
$("a.infobulle").hover(function(e){
this.texte = this.title;
this.title = "";
$("body").append("<p id='infobulle'>"+ this.texte +"</p>");
$("#infobulle")
.css("top",(e.pageY - xOffset) + "px")
.css("left",(e.pageX + yOffset) + "px")
.fadeIn("fast");
},
function(){
this.title = this.texte;
$("#infobulle").remove();
});
$("a.infobulle").mousemove(function(e){
$("#infobulle")
.css("top",(e.pageY - xOffset) + "px")
.css("left",(e.pageX + yOffset) + "px");
});
};
$(document).ready(function(){
popup();
```

```
});
//]]>
</script>
<style type="text/css">
body { margin: 0;
       padding-left: 10px;
       padding-right: 10px;
       font: 90% Arial, sans-serif;}
a { text-decoration: none;
    border-bottom: 1px dashed black;
    color: black;}
#infobulle { position: absolute;
             border: 1px solid black;
             background: #9cf;
             padding:2px 5px;
             display: none;}
</style>
</head>
<body>
<p>jQuery est un framework <a href="#" class="infobulle"
title="Langage de scripts utilisé dans les pages web
interactives">JavaScript</a> libre qui porte sur l'interaction
entre le Html et le JavaScript (comprenant le <a href="#"
class="infobulle" title="Document Object Model">DOM</a> et l'<a
href="#" class="infobulle" title="Asynchronous JavaScript and
XML">AJAX </a>).</p>
<p><img border="0" src="jquery-logo.gif" alt="" /></p>
<p>Source : <a href="#" class="infobulle" title="Encyclopédie
universelle disponible sur le Web">Wikipedia</a></p>
</body>
</html>
```

Chapitre 5
Les événements

A Introduction

Les événements sont les déclencheurs de l'interactivité apportée par le JavaScript. Ceux-ci permettent d'associer à des actions de l'utilisateur, des fonctions et des méthodes. Avec la librairie jQuery, le principe reste le même mais certains gestionnaires d'événements sont adaptés et des méthodes nouvelles introduites.

B Les gestionnaires d'événements

La librairie jQuery met à disposition des gestionnaires d'événements assez similaires à ceux du JavaScript traditionnel. Ainsi au `onmouseover` de JavaScript correspond `mouseover` en jQuery. Le préfixe "on" a simplement disparu.

1 Au clic de la souris

click()

Associe une fonction à l'événement clic des éléments de la sélection.

```
$("p").click();
```

Exemple

Au clic d'un paragraphe, celui-ci disparaît.

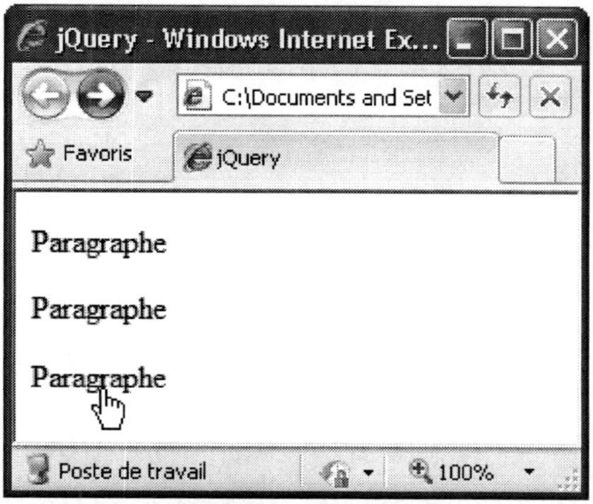

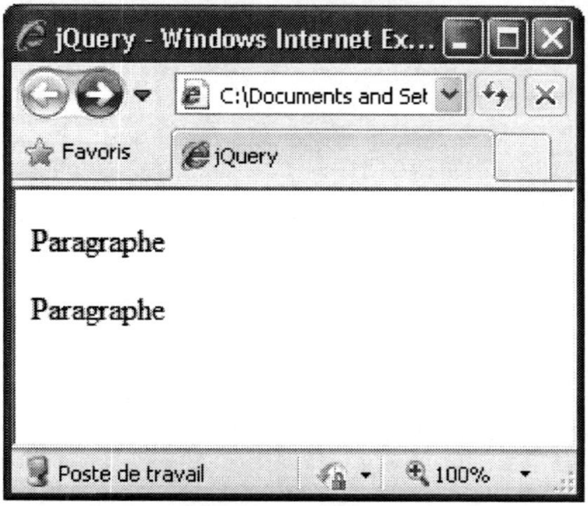


```
<!DOCTYPE html PUBLIC "-//W3C//DTD XHTML 1.0 Transitional//EN"
"http://www.w3.org/TR/xhtml1/DTD/xhtml1-transitional.dtd">
<html xmlns="http://www.w3.org/1999/xhtml" xml:lang="fr"
lang="fr">
<head>
<meta http-equiv="Content-Type" content="text/html; charset=iso-
8859-1" />
<title>jQuery</title>
<script type="text/javascript" src="jquery.js"></script>
<script type="text/javascript">
```

```
$(document).ready(function(){
$("p").click(function () {
$(this).slideUp();
});
});
</script>
<style type="text/css">
p { cursor: pointer;}
</style>
</head>
<body>
<p>Paragraphe</p>
<p>Paragraphe</p>
<p>Paragraphe</p>
</body>
</html>
```

Voyons le script jQuery :

```
$(document).ready(function(){
$("p").click(function () {
```

Au clic sur les paragraphes, la fonction suivante est exécutée.

```
$(this).slideUp();
```

L'élément cliqué (`this`) disparaît en glissant vers le haut.

```
});
});
```

Fin de script.

2 Au double clic

dblclick( )

Associe une fonction à l'événement double clic des éléments de la sélection.

```
$("div").dblclick();
```

Le Web étant le royaume de clic simple, le double clic n'est finalement que peu répandu sur la toile.

Exemple

Au clic d'un titre, celui-ci est entouré d'une bordure.

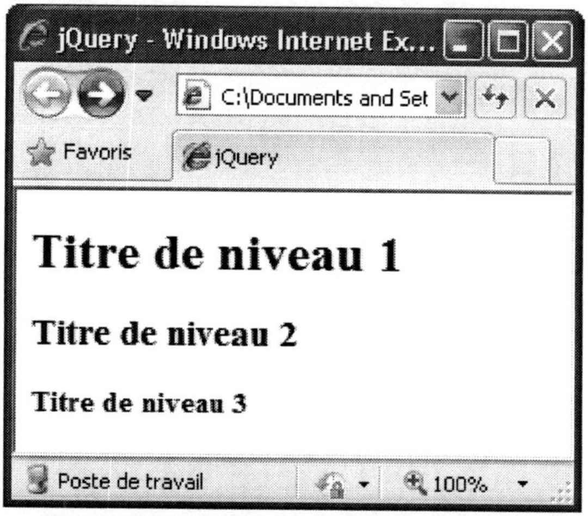

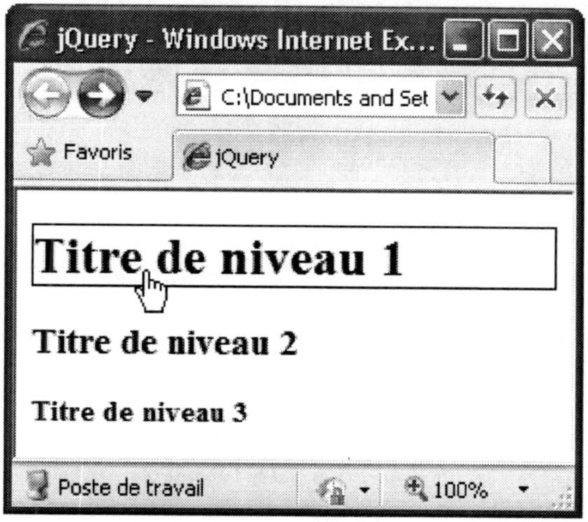


```
<!DOCTYPE html PUBLIC "-//W3C//DTD XHTML 1.0 Transitional//EN"
"http://www.w3.org/TR/xhtml1/DTD/xhtml1-transitional.dtd">
<html xmlns="http://www.w3.org/1999/xhtml" xml:lang="fr"
lang="fr">
<head>
<meta http-equiv="Content-Type" content="text/html; charset=iso-
8859-1" />
<title>jQuery</title>
<script type="text/javascript" src="jquery.js"></script>
```

```
<script type="text/javascript">
$(document).ready(function(){
$("h1, h2").dblclick(function () {
$(this).toggleClass('bordure');
});
});
</script>
<style type="text/css">
body { font: arial, sans-serif;
       font-size: 0.8em; }
.bordure { border: 1px solid black;}
h1,h2 { cursor: pointer;}
</style>
</head>
<body>
<h1>Titre de niveau 1</h1>
<h2>Titre de niveau 2</h2>
<h3>Titre de niveau 3</h3>
</body>
</html>
```

Un coup d'œil au script :

```
$(document).ready(function(){
$("h1, h2").dblclick(function () {
```

Au double clic d'un titre de niveau 1 et 2.

```
$(this).toggleClass('bordure');
```

La classe `bordure` est tantôt activée, tantôt désactivée (`toggle-Class()`).

```
});
});
```

Fin du script.

3 Le focus

focus()

Associe une fonction à l'événement au focus des éléments spécifiés.

```
$("p").focus();
```

Exemple

Au focus d'une ligne de texte, ajoutons la valeur `Mention obligatoire`*.*

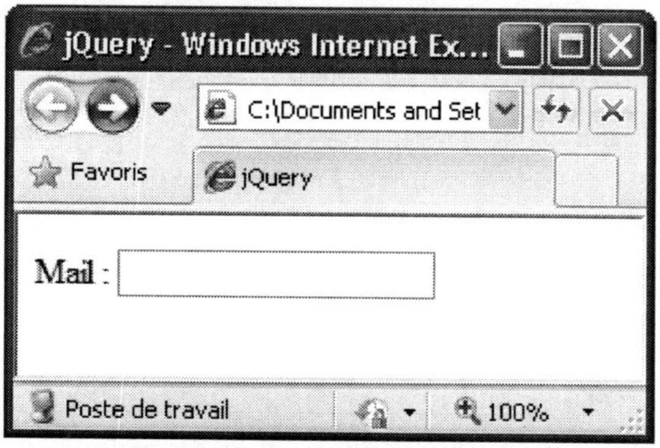

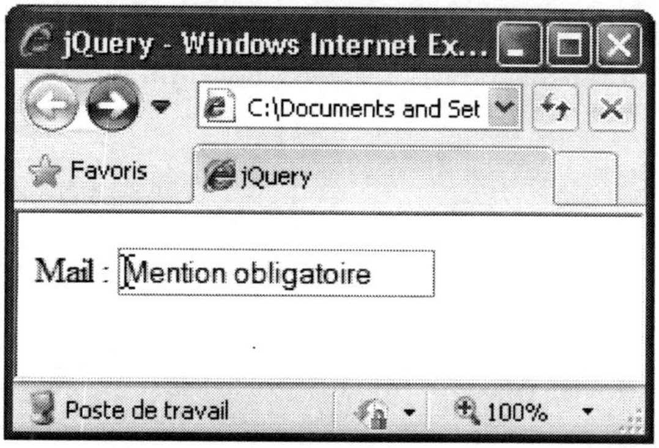


```
<!DOCTYPE html PUBLIC "-//W3C//DTD XHTML 1.0 Transitional//EN"
"http://www.w3.org/TR/xhtml1/DTD/xhtml1-transitional.dtd">
<html xmlns="http://www.w3.org/1999/xhtml" xml:lang="fr"
lang="fr">
<head>
<meta http-equiv="Content-Type" content="text/html; charset=iso-
8859-1" />
<title>jQuery</title>
<script type="text/javascript" src="jquery.js"></script>
<script type="text/javascript">
$(document).ready(function(){
$("#mail").focus(function () {
$(this).val("Mention obligatoire");
});
});
</script>
</head>
```

```
<body>
<p>Mail : <input id="mail" type="text" value="" /></p>
</body>
</html>
```

Quelques explications concernant le script :

```
$(document).ready(function(){
$("#mail").focus(function () {
```

Au focus de la ligne de texte `mail`.

```
$(this).val("Mention obligatoire");
```

Ajoutons à celle-ci la valeur (`val("Mention obligatoire")`).

```
});
});
```

Fin de script.

4 La perte du focus

blur()

Déclenche l'événement qui se produit lorsque l'élément perd le focus. Cela a pour effet de déclencher toutes les fonctions associées à cet événement pour les éléments sélectionnés.

```
$("input").blur();
```

Exemple

Après l'encodage du champ relatif au nom et la perte du focus de celui-ci, l'arrière-plan est colorié et la mention "OK" est ajoutée.

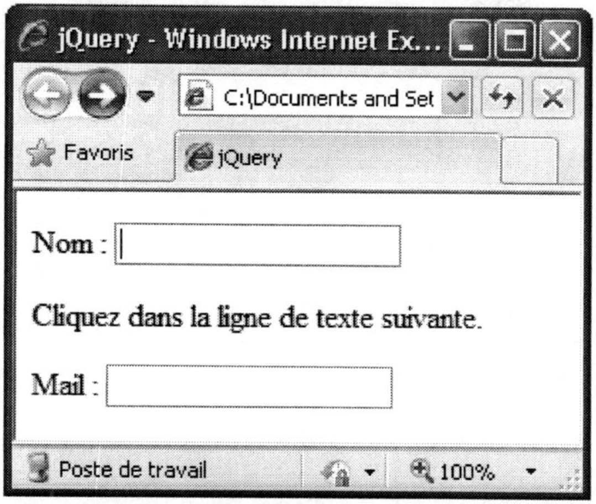

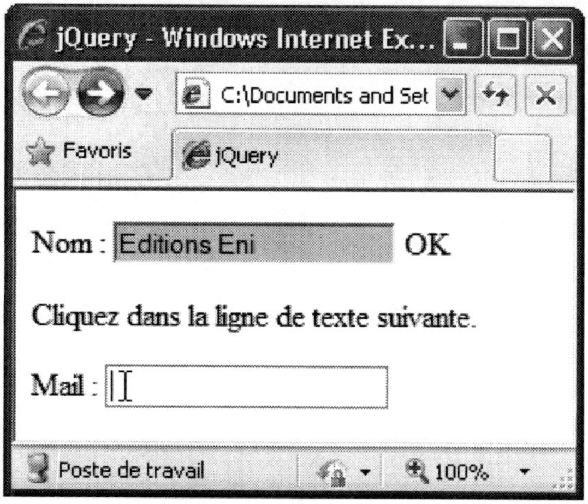


```
<!DOCTYPE html PUBLIC "-//W3C//DTD XHTML 1.0 Transitional//EN"
"http://www.w3.org/TR/xhtml1/DTD/xhtml1-transitional.dtd">
<html xmlns="http://www.w3.org/1999/xhtml" xml:lang="fr"
lang="fr">
<head>
<meta http-equiv="Content-Type" content="text/html; charset=iso-
8859-1" />
<title>jQuery</title>
<script type="text/javascript" src="jquery.js"></script>
```

```
<script type="text/javascript">
$(document).ready(function(){
$("#nom").focus();
$("#nom").blur(function () {
$(this).css({"background-color":"#9cf"});
$("p:first").append(" OK");
});
});
</script>
</head>
<body>
<p>Nom : <input id="nom" type="text" value="" /></p>
<p>Cliquez dans la ligne de texte suivante.</p>
<p>Mail : <input id="mail" type="text" value="" /></p>
</body>
</html>
```

Quelques détails relatifs au script :

```
$(document).ready(function(){
$("#nom").focus();
```

Le script donne d'abord le focus à la ligne de texte relative au nom.

```
$("#nom").blur(function () {
$(this).css({"background-color":"#9cf"});
$("p:first").append(" OK");
```

À la perte du focus de celle-ci, l'arrière-plan de la ligne de texte est colorié et la mention "OK" est ajoutée.

```
});
});
```

Fin de script.

5 La barre de défilement

scroll()

Associe une fonction à l'utilisation de la barre de défilement d'un élément.

```
$(window).scroll();
```

Exemple

Un texte apparaît lorsque l'utilisateur utilise la barre de défilement.

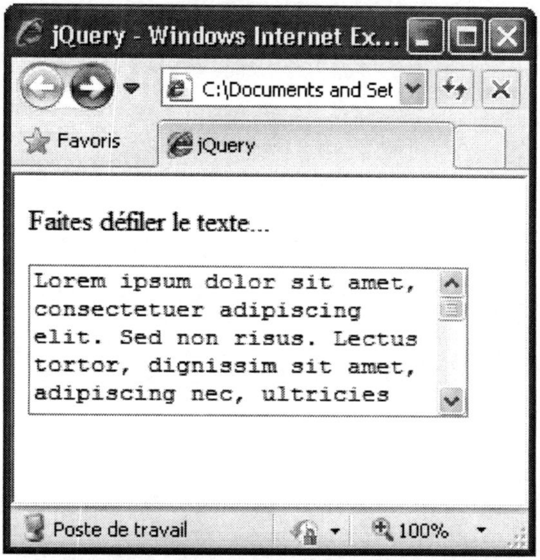

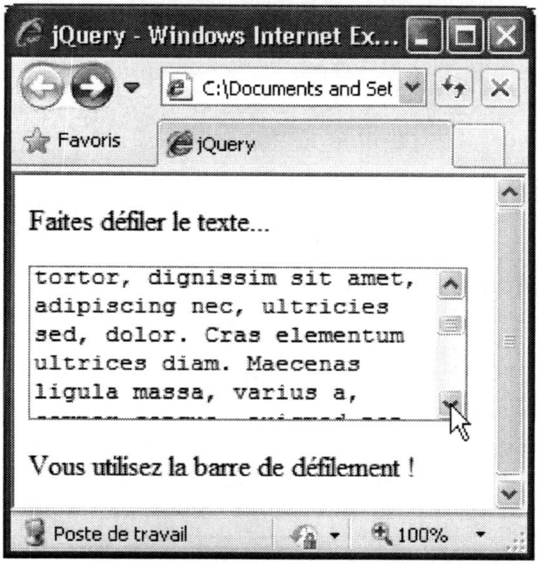

```
<!DOCTYPE html PUBLIC "-//W3C//DTD XHTML 1.0 Transitional//EN"
"http://www.w3.org/TR/xhtml1/DTD/xhtml1-transitional.dtd">
<html xmlns="http://www.w3.org/1999/xhtml" xml:lang="fr"
lang="fr">
<head>
<meta http-equiv="Content-Type" content="text/html; charset=iso-
8859-1" />
<title>jQuery</title>
<script type="text/javascript" src="jquery.js"></script>
<script type="text/javascript">
$(document).ready(function(){
$("textarea").scroll(function () {
$("span").css({"display": "inline"}).fadeOut("slow");
});
});
</script>
<style type="text/css">
span { display:none;}
</style>
</head>
<body>
<p>Faites défiler le texte...</p>
<textarea cols="28" rows="5">Lorem ipsum dolor sit amet,
consectetuer adipiscing elit. Sed non risus. Lectus tortor,
dignissim sit amet, adipiscing nec, ultricies sed, dolor. Cras
elementum ultrices diam. Maecenas ligula massa, varius a, semper
congue, euismod non, mi. Proin porttitor, orci nec nonummy
molestie, enim est eleifend mi, non fermentum diam nisl sit amet
erat. Duis semper.</textarea>
<p><span>Vous utilisez la barre de défilement !</span></p>
</body>
</html>
```

Le script expliqué :

```
$(document).ready(function(){
$("textarea").scroll(function () {
```

À l'utilisation de la barre de défilement de la zone de texte (`<textarea>`),

```
$("span").css({"display": "inline"}).fadeOut("slow");
```

Le texte de la balise `<span>` est affiché avec un effet.

```
});
});
```

Fin de script.

6 Le bouton de la souris

mousedown()

Associe une fonction pour les éléments sélectionnés lorsque l'utilisateur presse une touche de la souris.

```
$("p").mousedown();
```

mouseup()

Associe une fonction pour les éléments de la sélection lorsque l'utilisateur relâche le bouton de la souris.

```
$("p").mousedown();
```

L'événement clic est activé lorsqu'un `mousedown` et un `mouseup` est détecté.

<u>*Exemple*</u>

Au clic dans une division, détaillons les événements `mousedown`, `mouseup` et `click`.

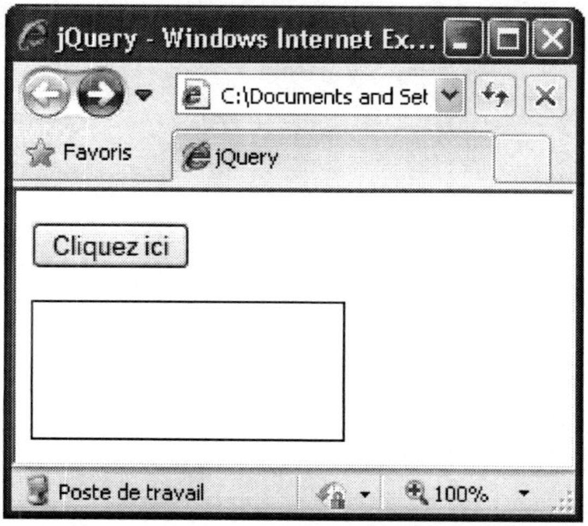

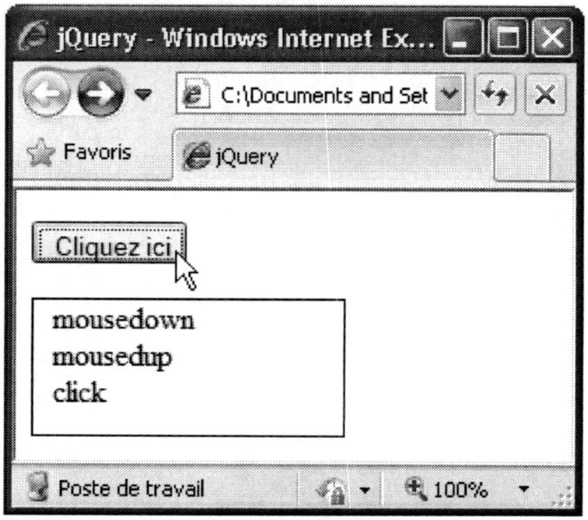


```
<!DOCTYPE html PUBLIC "-//W3C//DTD XHTML 1.0 Transitional//EN"
"http://www.w3.org/TR/xhtml1/DTD/xhtml1-transitional.dtd">
<html xmlns="http://www.w3.org/1999/xhtml" xml:lang="fr"
lang="fr">
<head>
<meta http-equiv="Content-Type" content="text/html; charset=iso-
8859-1" />
<title>jQuery</title>
<script type="text/javascript" src="jquery.js"></script>
<script type="text/javascript">
//<![CDATA[
$(document).ready(function() {
$("input").mousedown(function(){
$("#sortie").append("mousedown<br>");
});
$("input").mouseup(function(){
$("#sortie").append("mouseup<br>");
});
$("input").click(function(){
$("#sortie").append("click<br>");
});
});
//]]>
</script>
<style type="text/css">
div { width: 150px;
      height: 70px;
      overflow: auto;
      border: solid 1px black;
      padding-left: 10px;}
```

```
</style>
</head>
<body>
<p><input type="button" value="Cliquez ici" /></p>
<div id="sortie"></div>
</body>
</html>
```

Explorons le script jQuery :

```
$(document).ready(function() {
$("input").mousedown(function(){
$("#sortie").append("mousedown<br>");
});
```

À la pression du bouton de la souris (`mousedown()`), le mot "mousedown" est inséré dans la division identifiée par `sortie`.

```
$("input").mouseup(function(){
$("#sortie").append("mouseup<br>");
});
```

Au relâchement du bouton de la souris (`mouseup()`), le mot "mouseup" est inséré dans la division.

```
$("input").mouseup(function(){
$("#sortie").append("mouseup<br>");
});
```

Lorsque l'événement `click` est détecté, c'est le mot "clic" qui est ajouté.

```
});
```

Fin de script.

7 Le déplacement du curseur

Détecter le moindre mouvement du curseur est un événement intéressant mais il faut être conscient que cela entraîne une forte consommation des ressources du système. En effet, les actions associées au mouvement de la souris se déclenchent dès que le curseur bouge d'un pixel. Ce processus peut diminuer l'usabilité d'un site, en particulier pour les ordinateurs d'ancienne génération.

mousemove()

Associe une fonction lorsque l'utilisateur bouge le curseur de la souris.

```
$("div").mousemove();
```

Exemple

Retrouvons les coordonnées du curseur de la souris à chacun de ses mouvements.

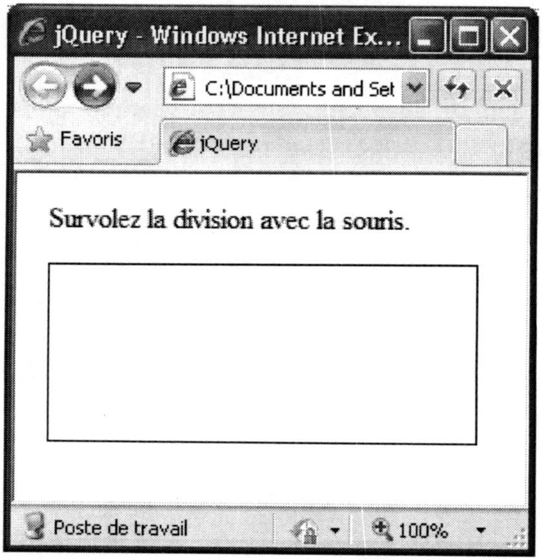

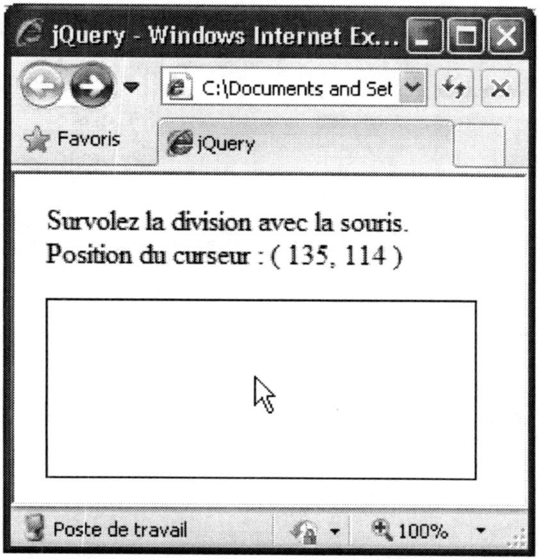


```
<!DOCTYPE html PUBLIC "-//W3C//DTD XHTML 1.0 Transitional//EN"
"http://www.w3.org/TR/xhtml1/DTD/xhtml1-transitional.dtd">
<html xmlns="http://www.w3.org/1999/xhtml" xml:lang="fr"
lang="fr">
<head>
<meta http-equiv="Content-Type" content="text/html; charset=iso-
8859-1" />
<title>jQuery</title>
<script type="text/javascript" src="jquery.js"></script>
<script type="text/javascript">
$(document).ready(function(){
$("div").mousemove(function(e){
var pageCoords = "( " + e.pageX + ", " + e.pageY + " )";
$("span:first").text("Position du curseur :  " + pageCoords);
});
$("div").mouseout(function(e){
$("span:first").text("");
});
});
</script>
<style type="text/css">
div { width:240px;
      height:100px;
      margin-left:10px;
      border:1px solid black; }
p { margin-left:10px; }
span { display:block; }
```

```
</style>
</head>
<body>
<p>Survolez la division avec la souris.
<span> </span>
</p>
<div></div>
</body>
</html>
```

Le script :

```
$(document).ready(function(){
$("div").mousemove(function(e){
```

Au mouvement du curseur dans la division.

```
var pageCoords = "( " + e.pageX + ", " + e.pageY + " )";
```

La position horizontale et verticale du curseur est stockée dans la variable `pageCoords`.

```
$("span:first").text("Position du curseur : " + pageCoords);
});
```

La position est affichée comme du texte dans la première balise `<span>`.

```
$("div").mouseout(function(e){
$("span:first").text("");
});
```

Lorsque le curseur quitte la division (`mouseout()`), plus rien n'est affiché (`text("")`).

```
});
```

Fin de script.

8 L'entrée et la sortie du curseur

Les habitués du JavaScript retrouvent les deux "compères" ; `onmouseover` et `onmouseout`.

mouseover()

Associe une fonction lorsque l'utilisateur positionne le curseur de la souris au-dessus d'un élément.

```
$("div").mouseover();
```

mouseout()

Associe une action à l'événement lorsque le curseur de la souris quitte un élément.

```
$("div").mouseout();
```

De façon (a priori) assez similaire, jQuery ajoute les événements `mouseenter` et `mouseleave`.

mouseenter()

Exécute une fonction lorsque le pointeur entre dans un élément.

```
$("div").mouseenter();
```

mouseleave()

Déclenche une fonction lorsque le pointeur quitte un élément.

```
$("div").mouseleave();
```

Cependant le fonctionnement de ces gestionnaires d'événements est assez différent. En effet, `mouseover`, hérité du JavaScript `onmouseover`, propage l'événement à la hiérarchie des objets de la page. Ce phénomène est connu sous le terme propagation des événements ou débordement des événements. Au contraire, `mouseenter` évite cette propagation de l'événement.

Il en est de même pour `mouseout` qui se déclenche à chaque fois que le pointeur se déplace vers ou à partir d'un élément enfant. À l'inverse, `mouseleave` ne se déclenche qu'une fois, soit lorsque le pointeur quitte l'élément en cours.

Dans certaines situations de programmation, cette propagation peut se révéler gênante et jQuery y apporte une solution.

Illustrons cette différence, assez ténue, entre le `mouseover` et le `mouseenter` par des exemples.

Prenons tout d'abord le cas de `mouseover`.

```
<!DOCTYPE html PUBLIC "-//W3C//DTD XHTML 1.0 Transitional//EN"
"http://www.w3.org/TR/xhtml1/DTD/xhtml1-transitional.dtd">
<html xmlns="http://www.w3.org/1999/xhtml" xml:lang="fr"
lang="fr">
<head>
<meta http-equiv="Content-Type" content="text/html; charset=iso-
8859-1" />
<title>jQuery</title>
<script type="text/javascript" src="jquery.js"></script>
<script type="text/javascript">
$(document).ready(function(){
var i = 0;
$("div.overout").mouseover(function(){
$("#afficher").text("mouse over");
$("#compteur").text(++i);
})
.mouseout(function(){
$("#afficher").text("mouse out");
});
});
</script>
<style type="text/css">
div.out { width: 220px;
          height: 125px;
          margin-left: 15px;
          background-color: #9cf;}
div.in { width: 70%;
         height: 55%;
         background-color: white;
         margin: 15px auto;}
p { line-height:0.9em;
    padding:0;}
#afficher { margin-top: 10px;
            margin-left: 15px;
            font-size: 1.2em;}
#compteur { margin-left: 15px;
            font-size: 1.2em;}
</style>
</head>
<body>
<div class="out overout"><p> </p>
<div class="in overout"></div>
</div>
<div id="afficher"></div>
```

```
<div id="compteur"></div>
</body>
</html>
```

Lorsque le curseur de la souris survole (`mouseover`) la division coloriée, le compteur implémenté dans le script, indique tout naturellement le chiffre 1.

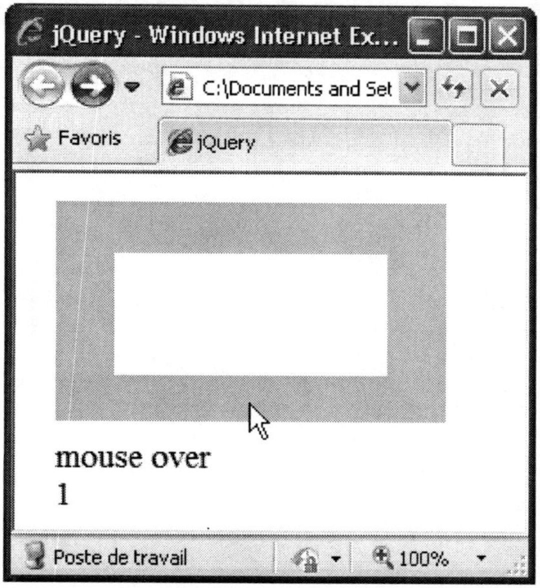

Par contre, lorsque le curseur de la souris survole ensuite la division blanche (élément enfant de la division coloriée), le compteur marque non pas 2 mais le chiffre 3. L'événement du survol de l'élément enfant s'est propagé à l'événement du survol de l'élément parent. On dénombre ainsi 3 événements de survol.

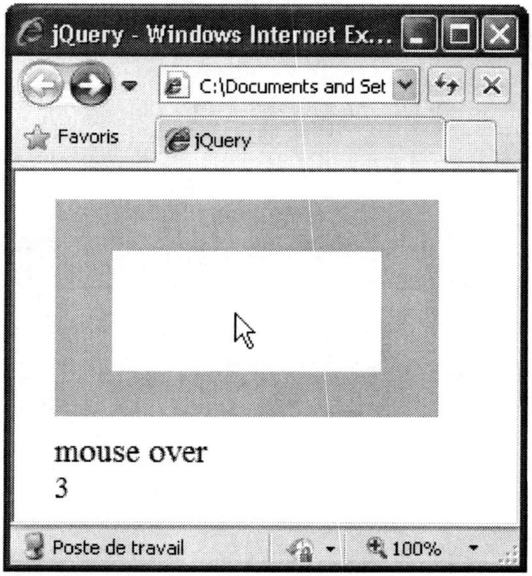

Reprenons le même code, mais cette fois-ci avec `mouseenter` et `mouseleave`.

```
<!DOCTYPE html PUBLIC "-//W3C//DTD XHTML 1.0 Transitional//EN"
"http://www.w3.org/TR/xhtml1/DTD/xhtml1-transitional.dtd">
<html xmlns="http://www.w3.org/1999/xhtml" xml:lang="fr"
lang="fr">
<head>
<meta http-equiv="Content-Type" content="text/html; charset=iso-
8859-1" />
<title>jQuery</title>
<script type="text/javascript" src="jquery.js"></script>
<script type="text/javascript">
$(document).ready(function(){
var i = 0;
$("div.overout").mouseenter(function(){
$("#afficher").text("mouse enter");
$("#compteur").text(++i);
})
.mouseleave(function(){
$("#afficher").text("mouse leave");
});
});
</script>
<style type="text/css">
div.out { width: 220px;
```

```
          height: 125px;
          margin-left: 15px;
          background-color: #9cf;}
div.in { width: 70%;
         height: 55%;
         background-color: white;
         margin: 15px auto;}
p { line-height:0.9em;
    padding:0;}
#afficher { margin-top: 10px;
            margin-left: 15px;
            font-size: 1.2em;}
#compteur { margin-left: 15px;
            font-size: 1.2em;}
</style>
</head>
<body>
<div class="out overout"><p> </p>
<div class="in overout"></div>
</div>
<div id="afficher"></div>
<div id="compteur"></div>
</body>
</html>
```

Lorsque le curseur de la souris entre (mouseenter) dans la division coloriée, le compteur implémenté dans le script, indique tout naturellement le chiffre 1.

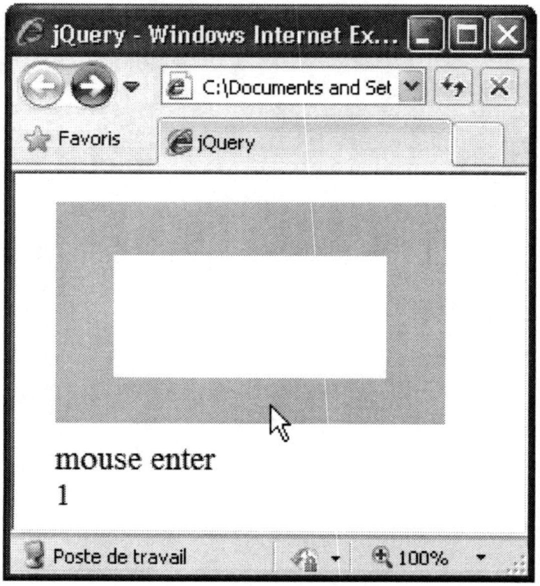

Et lorsque le curseur de la souris entre ensuite dans la division blanche (élément enfant de la division coloriée), le compteur marque le chiffre 2. L'événement `mouseenter` ne crée pas de propagation d'événement.

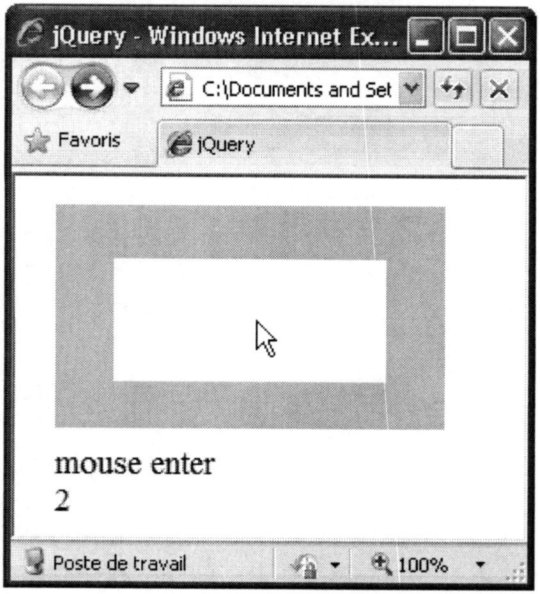

Ce débordement d'événement induit des effets indésirables lorsqu'il y a des éléments parents avec des enfants et qu'un `mouseover` ou `mouseout` est appliqué à l'élément parent. Le mouvement de la souris sur les éléments enfants peut déclencher un événement `mouseout` sur leurs éléments parent. L'événement commence par l'élément enfant et remonte de parent en parent. La propagation est ascendante.

Pour en savoir plus, consultez Google avec les mots-clés "propagation d'événement", "débordement d'événement" ou "event bubling".

Revenons à nos événements jQuery par un exemple de `mouseenter` et `mouseleave`.

Au survol de la division, un arrière-plan de couleur est appliqué. Lorsque le curseur quitte celle-ci, la situation initiale est rétablie.

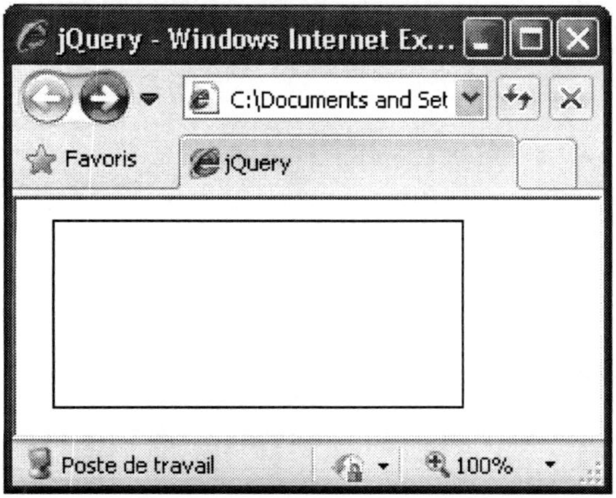

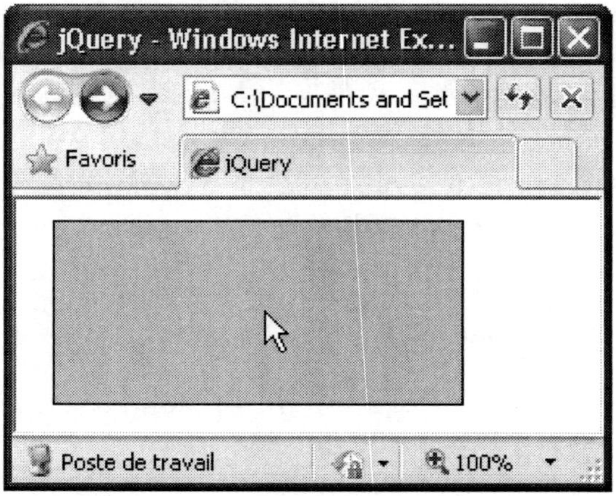


```
<!DOCTYPE html PUBLIC "-//W3C//DTD XHTML 1.0 Transitional//EN"
"http://www.w3.org/TR/xhtml1/DTD/xhtml1-transitional.dtd">
<html xmlns="http://www.w3.org/1999/xhtml" xml:lang="fr"
lang="fr">
<head>
<meta http-equiv="Content-Type" content="text/html; charset=iso-
8859-1" />
<title>jQuery</title>
<script type="text/javascript" src="jquery.js"></script>
<script type="text/javascript">
$(document).ready(function(){
$("div").mouseenter(function(){
$(this).css({"background-color":"#9cf"});
})
.mouseleave(function(){
$(this).css({"background-color":"white"});
});
});
</script>
<style type="text/css">
div { width: 200px;
      height: 90px;
      margin: 10px;
      border: 1px solid black;}
</style>
</head>
<body>
<div></div>
</body>
</html>
```

Explications du script.

```
$(document).ready(function(){
$("div").mouseenter(function(){
$(this).css({"background-color":"#9cf"});
})
```

Au survol de la division `<div>` par la souris (`mouseenter()`), la propriété CSS d'arrière-plan de celle-ci est modifiée (`css({"background-color": "#9cf"})`)

```
.mouseleave(function(){
$(this).css({"background-color":"white"});
});
```

Lorsque le curseur quitte la division (`mouseleave()`), la couleur d'arrière-plan est remise sur le blanc (`css({"background-color": "white"})`).

```
});
```

Fin de script.

<u>Commentaire</u>

Comme dans cet exemple, la division n'a pas d'élément enfant, l'utilisation de `mouseover` et `mouseout` aurait eu le même résultat.

9 Soumettre une requête

submit()

Déclenche l'événement d'envoi du formulaire.

```
$("form").submit();
```

<u>*Exemple*</u>

Un formulaire réclame un mot de passe (login en l'occurrence) pour accéder au site. À la soumission, si le mot de passe est correct, l'utilisateur est dirigé vers l'adresse souhaitée. Sinon, un message d'erreur est affiché.

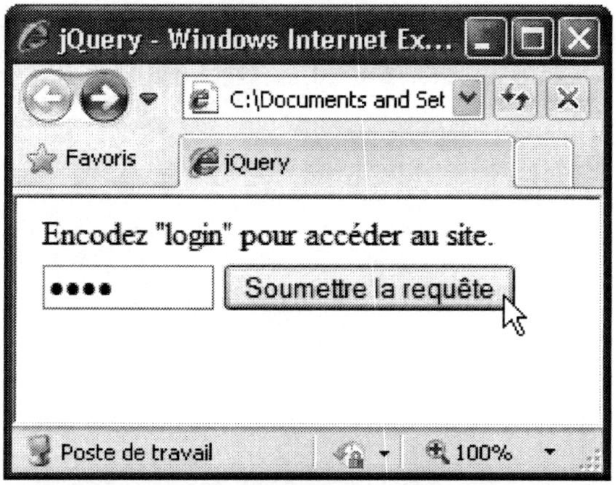

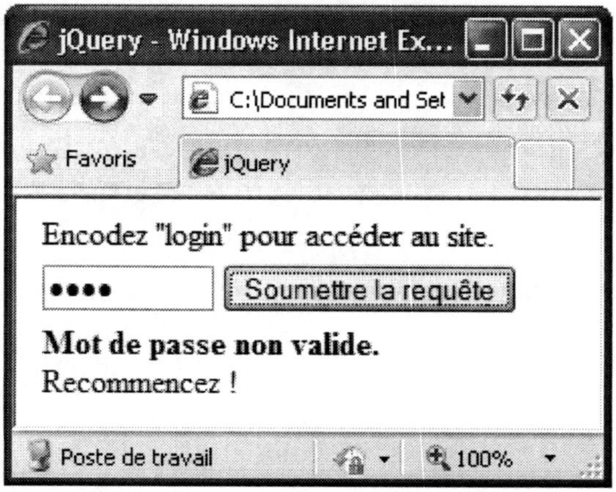


```
<!DOCTYPE html PUBLIC "-//W3C//DTD XHTML 1.0 Transitional//EN"
"http://www.w3.org/TR/xhtml1/DTD/xhtml1-transitional.dtd">
<html xmlns="http://www.w3.org/1999/xhtml" xml:lang="fr"
lang="fr">
<head>
<meta http-equiv="Content-Type" content="text/html; charset=iso-
8859-1" />
<title>jQuery</title>
<script type="text/javascript" src="jquery.js"></script>
<script type="text/javascript">
```

```
//<![CDATA[
$(document).ready(function(){
$("form").submit(function() {
if ($("input:first").val() == "login") {
return true;
}
$("span").html("<b>Mot de passe non valide.</b><br>Recommencez
!").show();
return false;
});
});
//]]>
</script>
<style type="text/css">
div,p,span { margin: 5px 0 0 5px;}
span { display: block;}
</style>
</head>
<body>
<p>Encodez "login" pour accéder au site.</p>
<form action="javascript:window.location.href='http://www.google.fr';">
<div>
<input type="password" size="10" />
<input type="submit" />
</div>
</form>
<span></span>
</body>
</html>
```

Passons le script en revue.

```
$(document).ready(function(){
$("form").submit(function() {
```

À la soumission du formulaire.

```
if ($("input:first").val() == "login") {
return true;
}
```

Si le mot de passe introduit est conforme, l'action définie dans le code est effectuée.

```
$("span").html("<b>Mot de passe non valide.</b><br>Recommencez !").show();
return false;
```

Si le mot de passe n'est pas conforme, un message d'erreur est inséré comme du Html dans la balise <span> et celle-ci est affichée.

```
});
});
```

Fin du script.

10 Les autres événements

Il existe encore d'autres événements mais d'un emploi plus rare. Parcourons ceux-ci plus rapidement.

- **change()** : déclenche un événement lorsqu'un contrôle de formulaire est modifié, par exemple lorsqu'une case à cocher de formulaire est activée.
- **error()** : cet événement est déclenché lorsqu'une erreur survient dans le script.
- **keydown()**, **keyup()** et **keypress()** : déclenchent un événement lorsqu'une touche du clavier est pressée (vers le bas), lorsqu'une touche du clavier est relâchée (vers le haut) et lorsqu'un caractère est encodé.
- **load()** et **unload()** : se produit lorsque la page en cours est chargée ou quittée.
- **resize()** : associe un événement lorsque la taille d'un élément, généralement la fenêtre du navigateur, est modifiée.
- **select()** : se produit lorsque l'utilisateur sélectionne un texte (ou une partie de celui-ci). Parfois appliqué aux champs de formulaire du type ligne de texte ou zone de texte (textarea).

Et n'oublions pas l'événement à la base de tout script jQuery, soit **ready()** qui associe une fonction lorsque le DOM est prêt à être traversé et manipulé.

C Méthodes ou gestionnaires d'événements avancés

Vous pouvez programmer en jQuery pendant de longues années en utilisant simplement les gestionnaires d'événements passés en revue dans la section Les gestionnaires d'événements de ce chapitre. Cependant, si vous désirez tirer le maximum des possibilités de jQuery et vous lancer dans des scripts plus complexes, il vous faudra alors assimiler les méthodes et gestionnaires d'événements avancés de jQuery.

1 Lier un événement à un objet

La méthode `bind()` est plus flexible et plus puissante que les événements spécifiques comme `click()` ou `mouseover()` parcourus ci-avant. La méthode permet non seulement d'affecter un ou plusieurs événements à un objet jQuery sur lequel sera exécutée une fonction passée en paramètre mais également de transmettre des données à cette fonction. Ainsi un clic sur un lien ou le survol d'une image peut attribuer des informations différentes au gestionnaire d'événement. La fonction liée à l'événement pourra alors s'exécuter différemment selon le contexte fourni par les données.

bind(événement, [données], fonction)

Affecte l'événement à un élément donné.

- événement (chaîne de caractères) : l'événement associé. Si plusieurs événements sont spécifiés, ils seront simplement séparés par un espace.
- données (optionnel) : les données éventuellement fournies à la fonction.
- fonction : le code à exécuter au déclenchement de l'événement.

```
$("a#lien3").bind("mouseover mouseout", function(e){
$(this).text( "-- " + $(this).text() + " --" );
});
```

Cette méthode retourne un objet jQuery.

La méthode `unbind()` supprime les actions associées à un événement par la méthode `bind()`.

Exemple

Relions les événements `mouseenter` et `mouseleave` à la balise de paragraphe. Cette nouvelle association a comme action de mettre ou non un arrière-plan de couleur.

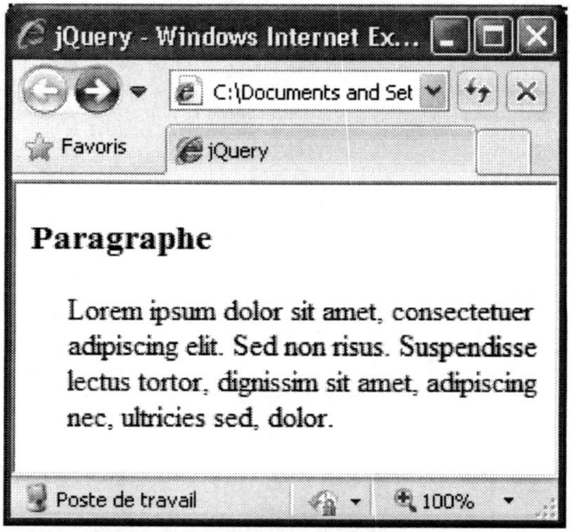

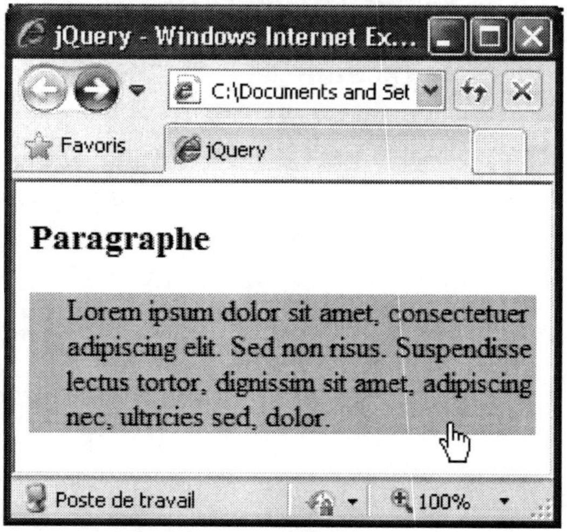

```
<!DOCTYPE html PUBLIC "-//W3C//DTD XHTML 1.0 Transitional//EN"
"http://www.w3.org/TR/xhtml1/DTD/xhtml1-transitional.dtd">
<html xmlns="http://www.w3.org/1999/xhtml" xml:lang="fr"
lang="fr">
<head>
<meta http-equiv="Content-Type" content="text/html; charset=iso-
8859-1" />
<title>jQuery</title>
<script type="text/javascript" src="jquery.js"></script>
<script type="text/javascript">
$(document).ready(function(){
$("p").bind("mouseenter mouseleave", function(e){
$(this).toggleClass("over");
});
});
</script>
<style type="text/css">
p { cursor:pointer;
    padding-left:20px;}
p.over { background: #9cf;}
</style>
</head>
<body>
<h3>Paragraphe</h3>
<p>Lorem ipsum dolor sit amet, consectetuer adipiscing elit. Sed
non risus. Suspendisse lectus tortor, dignissim sit amet,
adipiscing nec, ultricies sed, dolor.</p>
</body>
</html>
```

```
$(document).ready(function(){
```

Au chargement du DOM et l'initialisation de jQuery.

```
$("p").bind("mouseenter mouseleave", function(e){
```

Les événements `mouseenter` et `mouseleave` sont liés (`bind()`) aux paragraphes <p>.

```
$(this).toggleClass("over");
});
```

L'action associée est de basculer (`toggleClass()`) la classe `over`.

```
});
```

Fin du ready.

2 Exécuter une fonction une seule fois

one(événement,[données],fonction)

Associe une fonction à un événement donné. La différence avec la fonction `bind()` est que la fonction associée à l'événement ne sera exécutée au maximum qu'une seule fois pour chaque élément de la sélection.

- événement (chaîne de caractères) : type d'événement concerné.
- données [optionnel] : données supplémentaires à passer au gestionnaire d'événements.
- fonction : fonction à associer à l'événement.

```
$("p").one("click", function(){
alert( $(this).text() );
});
```

Cette méthode retourne un objet jQuery.

Cette fonction peut se révéler très utile dans certains scripts.

<u>*Exemple*</u>

Soit un bouton que l'on ne peut cliquer qu'une fois. Au premier clic, un message est affiché.

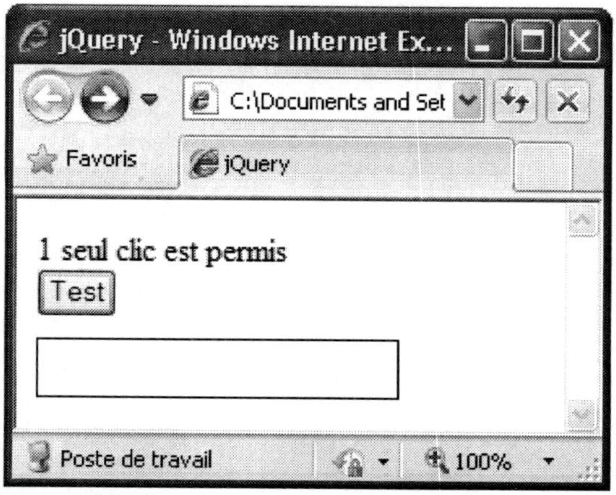

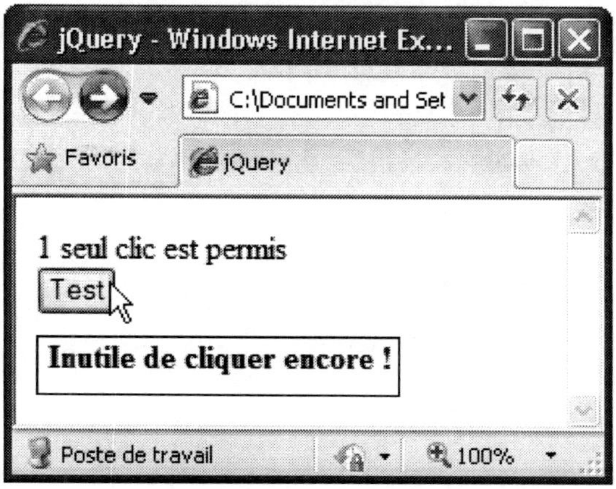


```
<!DOCTYPE html PUBLIC "-//W3C//DTD XHTML 1.0 Transitional//EN"
"http://www.w3.org/TR/xhtml1/DTD/xhtml1-transitional.dtd">
<html xmlns="http://www.w3.org/1999/xhtml" xml:lang="fr"
lang="fr">
<head>
<meta http-equiv="Content-Type" content="text/html; charset=iso-
8859-1" />
<title>jQuery</title>
<script type="text/javascript" src="jquery.js"></script>
<script type="text/javascript">
//<![CDATA[
$(document).ready(function(){
$("button").one("click", function(){
$("div").html("<b>Inutile de cliquer encore !</b>");
});
});
//]]>
</script>
<style type="text/css">
div { width: 180px;
      height: 30px;
      margin-top:10px;
      padding-left: 5px;
      border: 1px solid black;}
</style>
</head>
<body>
1 seul clic est permis<br />
<button>Test</button>
<div></div>
</body>
</html>
```

```
$(document).ready(function(){
$("button").one("click", function(){
```

Au clic sur le bouton, la fonction suivante est exécutée.

```
$("div").html("<b>Inutile de cliquer encore !</b>");
});
```

La phrase "Inutile de cliquer encore" est affichée comme du Html dans la division. Comme la méthode `one()` a été utilisée, la phrase ne s'affiche qu'une seule fois et tout clic supplémentaire sur le bouton n'entraîne plus aucune action.

```
});
```

Fin du script.

3 Déclencher un événement particulier

trigger(événement)

Déclenche un événement particulier pour les éléments de la sélection. Cela va aussi déclencher l'action par défaut du navigateur pour ce type d'événement (si elle existe). Par exemple, utiliser le type d'événement `'submit'` dans la fonction va aussi déclencher l'envoi du formulaire par le navigateur. Cette action par défaut peut être empêchée en retournant "`false`" dans une des fonctions associées à l'événement pour un des éléments de la sélection.

Vous pouvez également utiliser la fonction `bind()`.

```
$("p").trigger("click");
```

Cette méthode retourne un objet jQuery.

Exemple

Au clic du lien, la case à cocher `Checkbox` sera sélectionnée.

Au clic du lien, le script coche la case **Checkbox**, ce qui déclenche un message d'alerte.

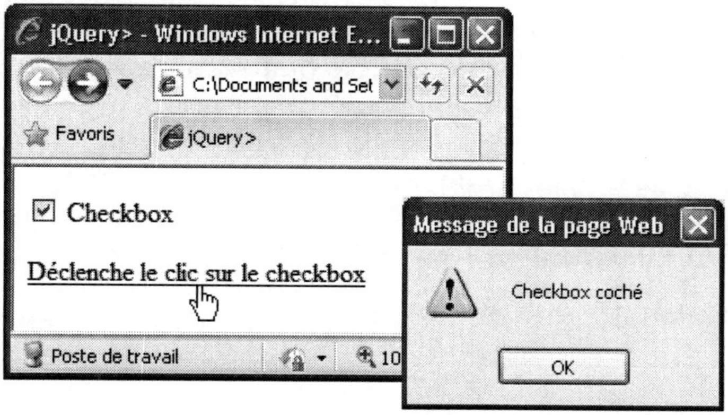


```
<!DOCTYPE html PUBLIC "-//W3C//DTD XHTML 1.0 Transitional//EN"
"http://www.w3.org/TR/xhtml1/DTD/xhtml1-transitional.dtd">
<html xmlns="http://www.w3.org/1999/xhtml" xml:lang="fr"
lang="fr">
<head>
<meta http-equiv="Content-Type" content="text/html; charset=iso-
8859-1" />
<title>jQuery</title>
<script type="text/javascript" src="jquery.js"></script>
<script type="text/javascript">
$(document).ready(function () {
$('input').bind('click', function() {
alert('Checkbox coché');
```

```
});
$('a').bind('click', function() {
$('input').trigger('click');
return false;
});
});
</script>
<style type="text/css">
a { color: black;}
</style>
</head>
<body>
<p><input type="checkbox" /> Checkbox</p>
<p><a href="#">Déclenche le clic sur le checkbox</a></p>
</body>
</html>
```

4 Déléguer un événement

Soit un événement `click` sur un élément de liste `<li>` qui génère un nouvel élément de liste. L'événement `click` doit continuer à fonctionner pour tous ces éléments de liste nouvellement créés. Ce qui n'est pas le cas de la méthode `bind()` qui doit être redéfinie sur ces nouveaux éléments. La méthode `live()` remédie à ce problème.

live(événement, fonction)

Attache une fonction à un événement donné pour tous les éléments existants et futurs trouvés.

```
$("p").live("click", function(){
alert( $(this).text() );
});
```

Affiche une boîte d'alerte au clic de chaque paragraphe de texte.

Cette méthode retourne un objet jQuery.

Il faut bien comprendre que jQuery fonctionne sur les éléments existant au chargement du DOM. Si un événement génère un nouvel élément, votre fonction n'agira pas sur celui-ci. La méthode `live()` permet de contourner le problème et rappelle la fonction définie après son exécution. Ce qui a pour conséquence de pouvoir agir sur les nouveaux éléments d'une page.

La méthode `die(événement, fonction)` annule `live()` en arrêtant la fonction définie en paramètre.

Exemple

```
<!DOCTYPE html PUBLIC "-//W3C//DTD XHTML 1.0 Transitional//EN"
"http://www.w3.org/TR/xhtml1/DTD/xhtml1-transitional.dtd">
<html xmlns="http://www.w3.org/1999/xhtml" xml:lang="fr"
lang="fr">
<head>
<meta http-equiv="Content-Type" content="text/html; charset=iso-
8859-1" />
<title>jQuery</title>
<script type="text/javascript" src="jquery.js"></script>
<script type="text/javascript">
//<![CDATA[
$(document).ready(function(){
$("p").live("click", function(){
$(this).after("<p>Un autre paragraphe</p>");
});
});
//]]>
</script>
<style type="text/css">
p { background: #9cf;
    cursor: pointer;
    padding-left: 5px;
    margin : 7px 0 7px 0;}
</style>
</head>
<body>
<p>Cliquez moi !</p>
</body>
</html>
```

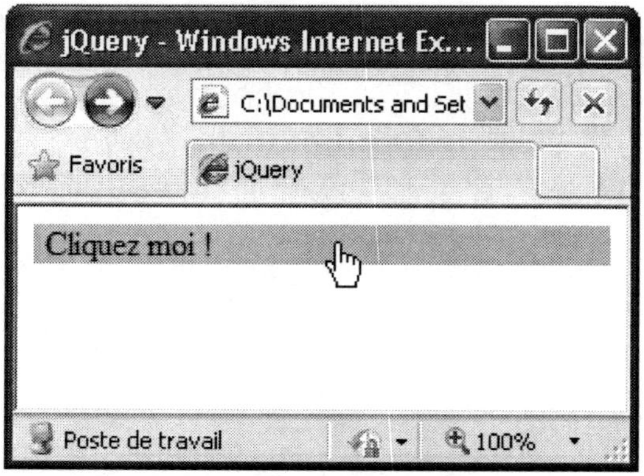

Le clic génère un nouveau paragraphe.

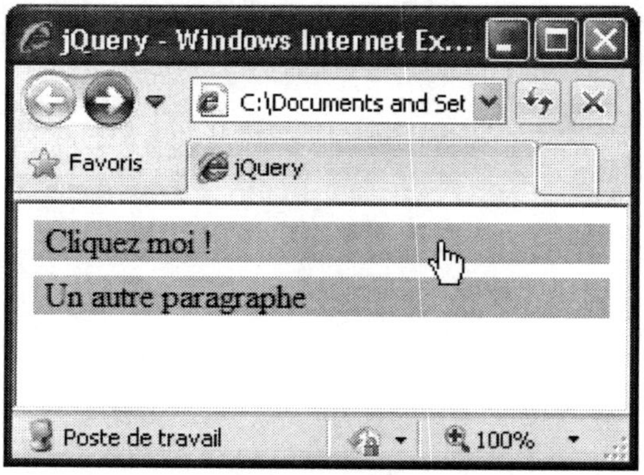

En cliquant sur le paragraphe initial ou sur le paragraphe nouvellement créé, la fonction ajoute à nouveau un paragraphe. Et ainsi de suite...

D Méthodes propres à jQuery

1 Au passage de la souris

Cette fonction propre à jQuery reprend les événements `onmouseover` et `onmouseout` du JavaScript ou `mouseover` et `mouseout` de jQuery, soit lorsque le curseur survole un élément et quitte celui-ci.

hover(fonction 1, fonction 2)

La méthode `hover()` de jquery lie deux événements fréquemment utilisés à l'élément sélectionné ; l'un lorsque le pointeur survole et l'autre lorsqu'il le quitte.

Cette méthode s'effectue donc en deux temps. Quand le curseur se situe au-dessus d'un élément déterminé, la première fonction passée en paramètre est exécutée. Lorsque le curseur sort du cadre de l'élément, la seconde fonction est exécutée.

```
$("p").hover(function(){
$(this).addClass("hover");
},
function(){
$(this).removeClass("hover");
});
```

Au survol des paragraphes, la classe `hover` est ajoutée. Lorsque le curseur quitte la zone, la classe est retirée. Cette méthode retourne un objet jQuery.

<u>*Exemple*</u>

Le classique, une image qui change au survol de la souris.

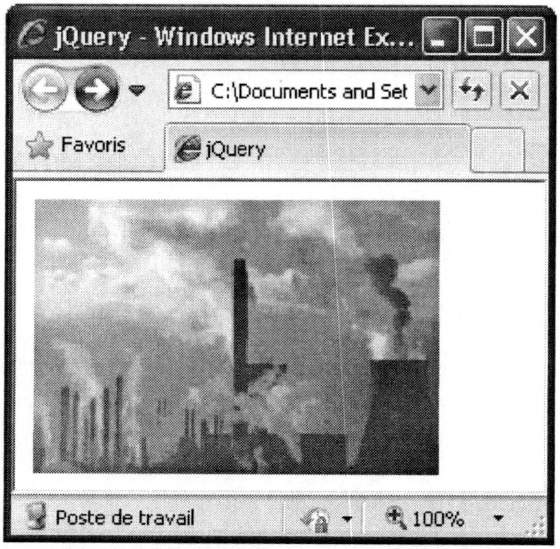

```
<!DOCTYPE html PUBLIC "-//W3C//DTD XHTML 1.0 Transitional//EN"
"http://www.w3.org/TR/xhtml1/DTD/xhtml1-transitional.dtd">
<html xmlns="http://www.w3.org/1999/xhtml" xml:lang="fr"
lang="fr">
```

```
<head>
<meta http-equiv="Content-Type" content="text/html; charset=iso-
8859-1" />
<title>jQuery</title>
<style type="text/css">
.image {  position: absolute;
          top: 10px;
          left: 10px;}
</style>
</head>
<body>
<div class="image">
<img src="pollution1.jpg" />
</div>
</body>
</html>
```

Le script jQuery s'écrit :

```
<script type="text/javascript">
$(document).ready(function () {
$('img').hover(function () {
this.src = 'pollution2.jpg';
},
function () {
this.src = 'pollution1.jpg';
});
});
</script>
```

Détaillons celui-ci.

```
$(document).ready(function () {
$('img').hover(function () {
```

Une méthode `hover()` est appliquée aux images.

```
$('img').hover(function () {
```

Dans un premier temps, au survol du curseur, l'image "pollution2.jpg" est chargée en modifiant l'attribut `src` de la balise `<img>`.

```
function () {
this.src = 'pollution1.jpg';
});
```

Dans un second temps, lorsque le curseur quitte l'image, le script revient à la situation de départ.

```
});
```

Fin de script.

Au final :

```
<!DOCTYPE html PUBLIC "-//W3C//DTD XHTML 1.0 Transitional//EN"
"http://www.w3.org/TR/xhtml1/DTD/xhtml1-transitional.dtd">
<html xmlns="http://www.w3.org/1999/xhtml" xml:lang="fr"
lang="fr">
<head>
<meta http-equiv="Content-Type" content="text/html; charset=iso-
8859-1" />
<title>jQuery</title>
<script type="text/javascript" src="jquery.js"></script>
<script type="text/javascript">
$(document).ready(function () {
$('img').hover(function () {
this.src = 'pollution2.jpg';
},
function () {
this.src = 'pollution1.jpg';
});
});
</script>
<style type="text/css">
.image {  position: absolute;
          top: 10px;
          left: 10px;}
</style>
</head>
<body>
<div class="image">
<img src="pollution1.jpg" alt="" />
</div>
</body>
</html>
```

2 Basculer d'une situation à l'autre

Nous retrouvons ici la fonction `toggle()` déjà abordée par ailleurs.

toggle (fonction 1, fonction 2, etc.)

Permet de basculer d'une fonction à l'autre à chaque clic sur les éléments de la sélection.

Dès que l'événement `clic` est réalisé, la première fonction est exécutée. Au clic suivant, la seconde sera exécutée. Et ainsi de suite.

```
$("p").toggle(function(){
$(this).addClass("selected");
},
function(){
$(this).removeClass("selected");
});
```

Au clic sur les paragraphes, la classe `selected` est ajoutée. Au clic suivant, la même classe est enlevée. Et ainsi de suite.

Cette méthode retourne un objet jQuery.

Exemple

Au clic sur une division, l'arrière-plan de celle-ci est colorié. Au clic suivant, celle-ci reprend sa couleur blanche.

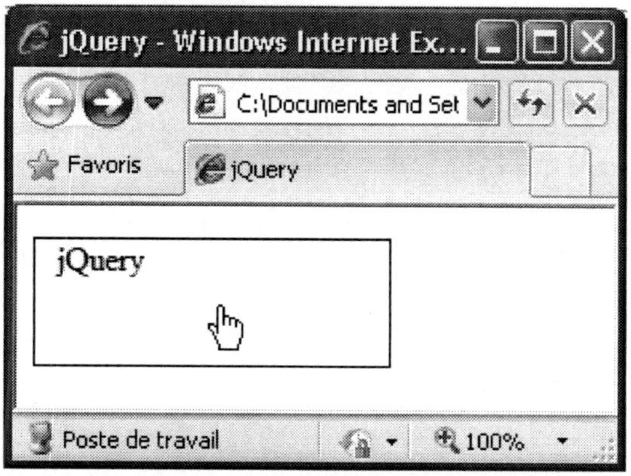

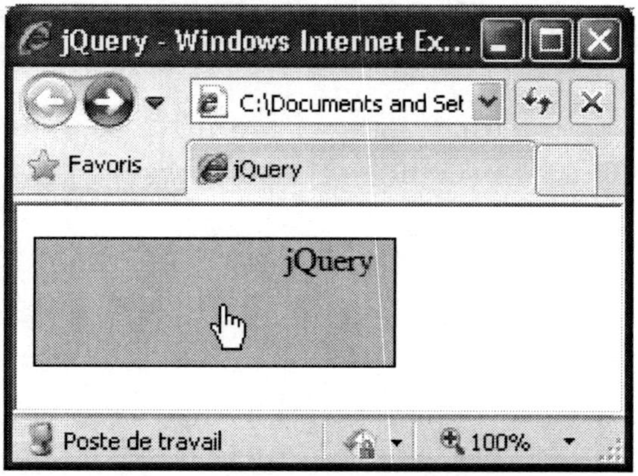


```
<!DOCTYPE html PUBLIC "-//W3C//DTD XHTML 1.0 Transitional//EN"
"http://www.w3.org/TR/xhtml1/DTD/xhtml1-transitional.dtd">
<html xmlns="http://www.w3.org/1999/xhtml" xml:lang="fr"
lang="fr">
<head>
<meta http-equiv="Content-Type" content="text/html; charset=iso-
8859-1" />
<title>jQuery</title>
<style type="text/css">
#div { width: 150px;
       height: 60px;
       cursor: pointer;
       border: 1px solid black;
       padding-left: 10px;
       padding-right: 10px;}
</style>
</head>
<body>
<div id="div">jQuery</div>
</body>
</html>
```

Le script jQuery.

```
<script type="text/javascript">
$(document).ready(function(){
$("#div").toggle( function () {
$(this).css({"background-color": "#9cf","text-align": "right"});
},
function () {
$(this).css({"background-color": "white", "text-align": "left"});
}
);
```

```
});
</script>
```

Explications du script.

```
$(document).ready(function(){
$("#div").toggle( function () {
$(this).css({"background-color": "#9cf","text-align": "right"});
},
```

Au premier clic sur la division `<div>`, celle-ci se voit dotée d'un arrière-plan de couleur (`background-color": "#9cf"`) et d'un alignement de texte à droite (`text-align": "right`).

```
function () {
$(this).css({"background-color": "white", "text-align": "left"});
}
);
```

Au second clic, l'arrière-plan et l'alignement sont rétablis.

```
});
```

Fin de script.

Au final :

```
<!DOCTYPE html PUBLIC "-//W3C//DTD XHTML 1.0 Transitional//EN"
"http://www.w3.org/TR/xhtml1/DTD/xhtml1-transitional.dtd">
<html xmlns="http://www.w3.org/1999/xhtml" xml:lang="fr"
lang="fr">
<head>
<meta http-equiv="Content-Type" content="text/html; charset=iso-
8859-1" />
<title>jQuery</title>
<script type="text/javascript" src="jquery.js"></script>
<script type="text/javascript">
$(document).ready(function(){
$("#div").toggle( function () {
$(this).css({"background-color": "#9cf","text-align": "right"});
},
function () {
$(this).css({"background-color": "white", "text-align": "left"});
}
);
});
</script>
<style type="text/css">
```

```
#div { width: 150px;
       height: 60px;
       cursor: pointer;
       border: 1px solid black;
       padding-left: 10px;
       padding-right: 10px;}
</style>
</head>
<body>
<div id="div">jQuery</div>
</body>
</html>
```

E Applications

1 Un menu décalé

Au survol d'un item du menu de navigation, celui-ci se déplace vers la droite.

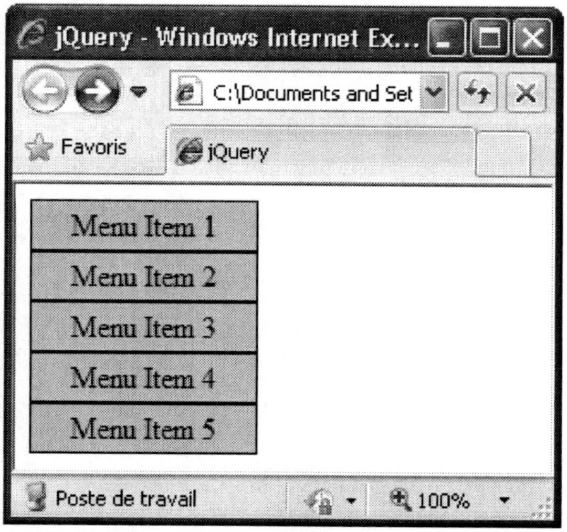

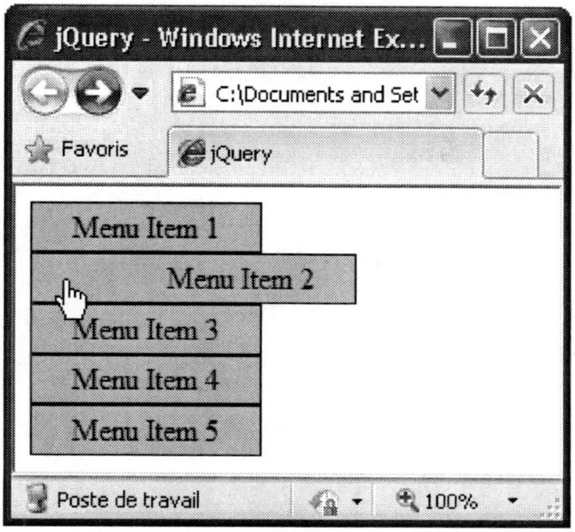


```
<!DOCTYPE html PUBLIC "-//W3C//DTD XHTML 1.0 Transitional//EN"
"http://www.w3.org/TR/xhtml1/DTD/xhtml1-transitional.dtd">
<html xmlns="http://www.w3.org/1999/xhtml" xml:lang="fr"
lang="fr">
<head>
<meta http-equiv="Content-Type" content="text/html; charset=iso-
8859-1" />
<title>jQuery</title>
<style type="text/css">
#nav ul { list-style: none;
          padding: 0px;
          margin: 0px;}
#nav li a { display: block;
            height: 25px;
            line-height: 25px;
            width: 120px;
            background: #99ccff;
            border: 1px solid navy;
            color: black;
            text-decoration: none;
            text-align: center;}
</style>
</head>
<body>
<div id="nav">
<ul id="menu">
<li><a href="#">Menu Item 1</a></li>
<li><a href="#">Menu Item 2</a></li>
<li><a href="#">Menu Item 3</a></li>
<li><a href="#">Menu Item 4</a></li>
```

```
<li><a href="#">Menu Item 5</a></li>
</ul>
</div>
</body>
</html>
```

Le script jQuery se présente ainsi :

```
<script type="text/javascript">
$(document).ready(function() {
$('ul#menu li a').hover(function() {
$(this).stop().animate( { paddingLeft:"50px" }, 400 );
},
function() {
$(this).stop().animate( { paddingLeft:"0" }, 200 )
})
});
</script>
```

Développons celui-ci.

```
$(document).ready(function() {
$('ul#menu li a').hover(function() {
```

La méthode `hover()` est associée aux éléments de la liste constituant le menu de navigation.

```
$(this).stop().animate( { paddingLeft:"50px" }, 400 );
},
```

Au survol de chaque item, le script arrête d'abord toute animation en cours (`stop()`). Puis, met en œuvre une animation (`animate()`) qui consiste à augmenter le retrait par rapport au bord gauche (`paddingLeft:"50px"`).

```
$(this).stop().animate( { paddingLeft:"0" }, 200 )
})
```

Lorsque le curseur quitte l'item, le second volet de la méthode `hover()`, fait revenir l'item à sa position initiale.

```
});
```

Fin du ready et du script.

Le document final devient :

```
<!DOCTYPE html PUBLIC "-//W3C//DTD XHTML 1.0 Transitional//EN"
"http://www.w3.org/TR/xhtml1/DTD/xhtml1-transitional.dtd">
<html xmlns="http://www.w3.org/1999/xhtml" xml:lang="fr"
lang="fr">
<head>
<meta http-equiv="Content-Type" content="text/html; charset=iso-
8859-1" />
<title>jQuery</title>
<script type="text/javascript" src="jquery.js"></script>
<script type="text/javascript">
$(document).ready(function() {
$('ul#menu li a').hover(function() {
$(this).stop().animate( { paddingLeft:"50px" }, 400 );
},
function() {
$(this).stop().animate( { paddingLeft:"0" }, 200 )
})
});
</script>
<style type="text/css">
#nav ul { list-style: none;
          padding: 0px;
          margin: 0px;}
#nav li a { display: block;
            height: 25px;
            line-height: 25px;
            width: 120px;
            background: #99ccff;
            border: 1px solid navy;
            color: black;
            text-decoration: none;
            text-align: center;}
</style>
</head>
<body>
<div id="nav">
<ul id="menu">
<li><a href="#">Menu Item 1</a></li>
<li><a href="#">Menu Item 2</a></li>
<li><a href="#">Menu Item 3</a></li>
<li><a href="#">Menu Item 4</a></li>
<li><a href="#">Menu Item 5</a></li>
</ul>
</div>
</body>
</html>
```

2 Zoom sur vignette

Concevons un script qui permet d'afficher une image en taille réelle au survol d'une vignette de celle-ci.

Cet exemple est une version simplifiée du superbe script de SohTanaka disponible à l'adresse :
www.sohtanaka.com/web-design/examples/image-zoom/

La transcription papier ne rend pas le côté dynamique du script. Reportez-vous à l'espace de téléchargement pour en profiter pleinement.

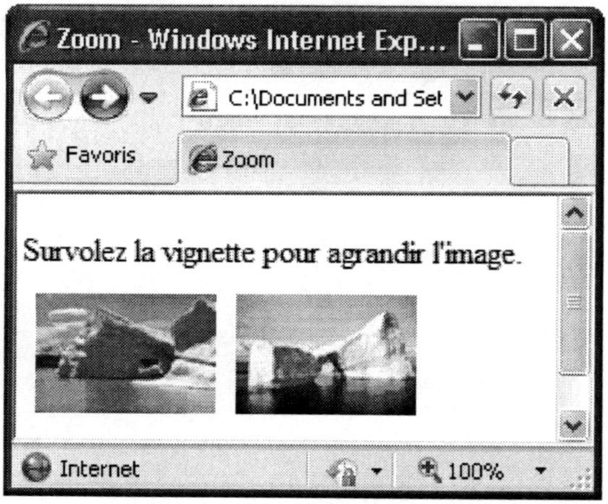

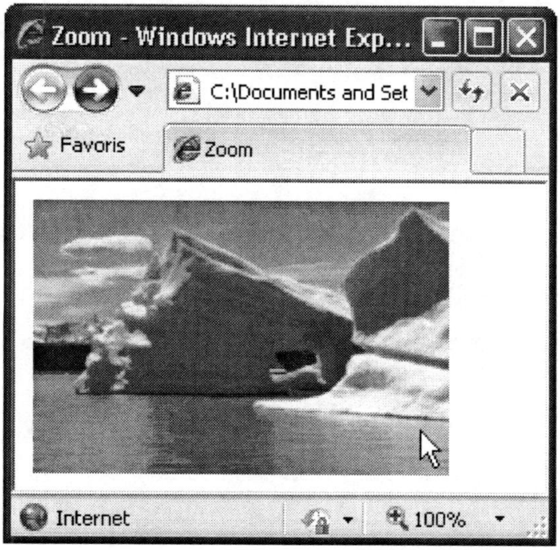

Le fichier Xhtml initial :

```
<!DOCTYPE html PUBLIC "-//W3C//DTD XHTML 1.0 Transitional//EN"
"http://www.w3.org/TR/xhtml1/DTD/xhtml1-transitional.dtd">
<html xmlns="http://www.w3.org/1999/xhtml" xml:lang="fr"
lang="fr">
<head>
<meta http-equiv="Content-Type" content="text/html; charset=iso-
8859-1" />
<title>Zoom</title>
<style type="text/css">
body { padding: 3px;
       margin: 0px;}
.container { position: absolute;
             top: 50px;
             left : 10px;}
ul.thumb { padding: 0px;
           list-style-type: none;
           margin: 0px;
           width: 260px;
           float: left;}
ul.thumb li { position: relative;
              padding: 0px;
              margin: 0px;
              width: 100px;
              height: 100px;
              float: left;}
ul.thumb li img { position: absolute;
```

```
                  padding : 0px;
                  width: 90px;
                  height: 60px;
                  left: 0px;
                  border: none;}
</style>
</head>
<body>
<p> Survolez la vignette pour agrandir l'image.</p>
<div class="container">
<ul class="thumb">
<li><img alt="" src="iceberg1.jpg" /></li>
<li><img alt="" src="iceberg2.jpg" /></li>
</ul>
</div>
</body>
</html>
```

Le script :

```
<script type="text/javascript">
$(document).ready(function(){
$("ul.thumb li").hover(function() {
$(this).css({'z-index' : '10'});
$(this).find('img').addClass("hover").stop()
.animate({ marginTop: '-90px',
           marginLeft: '-50px',
           top: '50%',
           left: '50%',
           width: '225px',
           height: '150px',
           }, 200);
} ,
function() {
$(this).css({'z-index' : '0'});
$(this).find('img').removeClass("hover").stop()
.animate({ marginTop: '0',
           marginLeft: '0',
           top: '0',
           left: '0',
           width: '90px',
           height: '60px',
           }, 400);
});
});
</script>
```

Celui-ci nécessite quelques éclaircissements :

```
$(document).ready(function(){
$("ul.thumb li").hover(function() {
```

Application d'un `hover()` sur la vignette.

```
$(this).css({'z-index' : '10'});
.animate({ marginTop: '-90px',
           marginLeft: '-50px',
           top: '50%',
           left: '50%',
           width: '225px',
           height: '150px',
           }, 200);
} ,
```

Au survol de la vignette, la propriété de style `z-index` est modifiée (`css({'z-index' : '10'})`) pour faire passer l'image au premier plan. Ensuite une animation (`animate()`) modifie une série de paramètres.

```
function() {
$(this).css({'z-index' : '0'});
$(this).find('img').removeClass("hover").stop()
.animate({ marginTop: '0',
           marginLeft: '0',
           top: '0',
           left: '0',
           width: '90px',
           height: '60px',
           }, 400);
});
```

Lorsque le curseur quitte l'image, la propriété de style `z-index` est rétablie à son état initial. Ce qu'effectue également une animation (`animate()`) sur une série de paramètres.

```
});
```

Fin du script.

Le fichier final :

```
<!DOCTYPE html PUBLIC "-//W3C//DTD XHTML 1.0 Transitional//EN"
"http://www.w3.org/TR/xhtml1/DTD/xhtml1-transitional.dtd">
<html xmlns="http://www.w3.org/1999/xhtml" xml:lang="fr"
lang="fr">
```

```
<head>
<meta http-equiv="Content-Type" content="text/html; charset=iso-
8859-1" />
<title>Zoom</title>
<style type="text/css">
body { padding: 3px;
       margin: 0px;}
.container { position: absolute;
             top: 50px;
             left : 10px;}
ul.thumb { padding: 0px;
           list-style-type: none;
           margin: 0px;
           width: 260px;
           float: left;}
ul.thumb li { position: relative;
              padding: 0px;
              margin: 0px;
              width: 100px;
              height: 100px;
              float: left;}
ul.thumb li img { position: absolute;
                  padding : 0px;
                  width: 90px;
                  height: 60px;
                  left: 0px;
                  border: none;}
</style>
<script type="text/javascript" src="jquery.js"></script>
<script type="text/javascript">
$(document).ready(function(){
$("ul.thumb li").hover(function() {
$(this).css({'z-index' : '10'});
$(this).find('img').addClass("hover").stop()
.animate({ marginTop: '-90px',
           marginLeft: '-50px',
           top: '50%',
           left: '50%',
           width: '225px',
           height: '150px',
           }, 200);
} ,
function() {
$(this).css({'z-index' : '0'});
$(this).find('img').removeClass("hover").stop()
.animate({ marginTop: '0',
           marginLeft: '0',
           top: '0',
           left: '0',
```

```
          width: '90px',
          height: '60px',
          }, 400);
});
});
</script>
</head>
<body>
<p> Survolez la vignette pour agrandir l'image.</p>
<div class="container">
<ul class="thumb">
<li><img alt="" src="iceberg1.jpg" /></li>
<li><img alt="" src="iceberg2.jpg" /></li>
</ul>
</div>
</body>
</html>
```

!

A

B

C

D

E

F

H

I

K

L

M

O

P

R

S

T

U

V

W